Matière à contredire

Du même auteur

Sauvons le progrès, dialogue avec Denis Lafay, Éditions de l'Aube, 2017.

Tout n'est pas relatif, (avec les illustrations de Charles Berberian), Flammarion, 2017.

Le pays qu'habitait Albert Einstein, Actes Sud, 2016.

Le Monde selon Étienne Klein, Flammarion, « Champs », 2016.

En cherchant Majorana. Le physicien absolu, Les Équateurs-Flammarion, 2013 (élu « Meilleur livre de science 2013 » par le magazine *Lire*) ; Folio, 2015.

Anagrammes renversantes ou Le sens caché du monde, avec Jacques Perry-Salkow, Flammarion, 2011.

Discours sur l'origine de l'Univers, Flammarion, 2010 ; « Champs », 2012 ; nouvelle édition, 2016.

Pourquoi je suis devenu chercheur scientifique, propos recueillis par Ludovic Ligot, Bayard, 2009.

Galilée et les Indiens. Allons-nous liquider la science ?, Flammarion, 2008 ; « Champs », 2013.

Les Secrets de la matière, Plon, 2008 ; « Librio », 2015.

Le facteur temps ne sonne jamais deux fois, Flammarion, 2007, « Champs », 2009 ; nouvelle édition, 2016.

Il était sept fois la révolution. Albert Einstein et les autres..., Flammarion, 2005 ; « Champs », 2007 ; nouvelle édition, 2016.

Petit voyage dans le monde des quanta, « Champs », 2004 (prix Jean Rostand, 2004) ; nouvelle édition, 2016.

Les Tactiques de Chronos, Flammarion, 2003 (prix de « La science se livre », 2004) ; « Champs », 2004.

Le temps et sa flèche, avec Michel Spiro (dir.), Éditions Frontières, 1995 ; « Champs », 1996.

(suite en fin d'ouvrage)

Étienne Klein

Matière à contredire

Essai de philo-physique

Éditions de L'Observatoire

ISBN : 979-10-329-0237-0

Dépôt légal : 2018, février
3e tirage : 2018, mars

170 *bis*, boulevard du Montparnasse, 75014 Paris

À la mémoire d'Erwin Schrödinger, ce physicien-philosophe qui écrivait en 1944 :

> *Sous peine de voir notre vrai but se perdre à jamais, je ne vois pas d'autre échappatoire que d'admettre que certains d'entre nous se hasardent à un essai de synthèse des données expérimentales et des théories, fût-ce avec des connaissances incomplètes et de seconde main pour certaines d'entre elles – et au risque de se rendre ridicules*[1].

Et en hommage à son chat éponyme, au sujet duquel nous parviennent d'excellentes nouvelles en même temps que d'autres, absolument dramatiques...

1. Erwin Schrödinger, *Qu'est-ce que la vie ?*, Paris, Christian Bourgois, 1986, p. 24.

Sommaire

Introduction

Quand ta route te mène à un embranchement, prends-le.

Yogi Berra

Cela sonne comme un truisme : la physique n'est pas la même chose que la philosophie.

Pas le même « genre de pensée ».

La différence radicale entre ces deux « disciplines » (en sont-ce vraiment ?) se constate dès la façon dont les corps de leurs représentants ou serviteurs respectifs se mettent en scène : en général, les physiciens parlent debout, sans notes mais avec des supports visuels, tandis que les philosophes parlent assis et lisent un texte préparé à l'avance.

Preuve observationnelle et posturale qu'il s'agit bien là de deux modes hétérogènes, peut-être même étrangers l'un à l'autre, d'exercice de l'activité intellectuelle.

Et il y a bien d'autres indices.

Chacun aussi voit bien que les essais de philosophie ne traitent pas des mêmes problèmes que les ouvrages de physique : l'Être, le Bien et le Mal, la liberté, le bonheur, le noumène et le phénomène, Dieu et les fins dernières procèdent d'un certain type de questionnement ;

la nucléosynthèse primordiale, la matière sombre, les naines blanches ou brunes, les trous noirs, les ondes gravitationnelles, le boson de Higgs, le vide dit « quantique » et la supraconductivité relèvent d'une autre sorte. À première vue, l'intersection entre ces deux catégories de sujets constitue même une splendide illustration de l'ensemble vide.

D'autant que ces deux types d'enquêtes sur le monde n'ont manifestement pas les mêmes modes d'interrogation. Victor Weisskopf (1908-2002), physicien aussi brillant que facétieux, rappelait volontiers à ses étudiants que la philosophie pose des questions générales et y apporte des réponses limitées, tandis que la physique pose des questions limitées et y apporte des réponses générales… Pareille caricature peut certes être discutée[1], mais chacun conviendra que la philosophie a bel et bien conservé l'ambition d'une compétence universelle, quitte à ne pas viser le même degré de certitude que la science, laquelle ne peut produire un savoir sûr qu'en bornant son propre questionnement.

En outre, la physique et la philosophie ne mettent pas en jeu les mêmes raisonnements, ni les mêmes facultés, ni n'usent de méthodes semblables. À mi-chemin entre pythagorisme et instrumentalisme, les physiciens isolent des phénomènes, les réduisent, théorisent à leur sujet, puis calculent, simulent, expérimentent, manipulent, usant de toute leur ingéniosité pour rendre finalement

1. Victor Weisskopf, qui avait rencontré Einstein en plusieurs occasions, voulait peut-être, par sa formule, faire écho à cette remarque du père de la relativité : « Le physicien n'est rien d'autre qu'un philosophe qui s'intéresse à certaines choses particulières ; sinon, ce n'est qu'une sorte de technicien. » (Albert Einstein, *Lettre à G. Jaffé*, janvier 1954).

intelligible, perceptible ou détectable ce qui ne l'était pas initialement. À l'inverse, les philosophes sondent une espèce d'absence qui pourrait être définitive : à grand renfort de textes de référence, de commentaires et de débats, ils scrutent un monde impalpable d'idées polémiques, au statut précaire, toujours discutable, sans que cela discrédite leur longue quête, car celle-ci, essentielle et inépuisable, se réactive sans cesse sous l'empire de quelque Éros infatigable.

La physique et la philosophie n'utilisent pas non plus les mêmes concepts, ni n'entretiennent le même rapport au langage, ni ne reposent sur le même type d'organisation professionnelle : aujourd'hui, les physiciens se rassemblent autour de vastes projets, collaborent au sein de laboratoires ou d'organismes souvent de très grande taille, écrivent des articles dont le nombre de signataires peut allègrement dépasser la centaine, tandis que les philosophes continuent de suivre des trajectoires très individuelles et tiennent des discours plus « habités » (au sens où ils sont davantage présents dans ce qu'ils énoncent). Le philosophe José Ortega y Gasset l'observait lui-même :

> *La philosophie n'a pas besoin, comme la science, de collaboration. Elle ne consiste pas à dire à autrui, mais à se dire à soi-même. Elle n'est pas une activité de la société, mais un travail solitaire. Le philosophe est une sorte de Robinson. Et ce qui est caractéristique, c'est que le Robinson philosophique ne vit pas sur une île déserte, mais dans une « île désertée », dont les habitants sont tous morts*[1].

1. José Ortega y Gasset, *L'Évolution de la théorie déductive. L'idée de principe chez Leibniz*, trad. J.-P. Morel, Paris, Gallimard, « Bibliothèque des idées », 1970, p. 300.

Ces deux activités intellectuelles n'ont en effet pas le même rapport aux œuvres du passé : se prétendre philosophe suppose d'avoir préalablement lu et étudié – ne fût-ce qu'un peu – Aristote, Platon, Descartes, Kant, Nietzsche, Hegel, Husserl ou Heidegger, alors qu'on peut être ingénieur ou physicien sans avoir jamais eu sous les yeux le moindre texte de Galilée, Newton, Boltzmann ou Einstein.

Enfin, ultime indice, dont on aurait tort de sous-estimer le poids démonstratif : dans *Le Hussard bleu*, Roger Nimier faisait remarquer que la philosophie est comme la Russie, « pleine de marécages et souvent envahie par les Allemands ». Il ne dit rien de tel de la physique, ce qui ne saurait relever du simple oubli.

Dont acte.

Tout semble ainsi concourir à établir qu'il est sain, naturel et opportun de distinguer nettement ces deux genres de pensée, de les séparer, voire de les opposer, avec la ferme conviction que nul sparadrap syncrétique ne pourrait jamais plus les mettre en contact, encore moins les réunir.

Mais ce jugement sage et apparemment définitif signe-t-il vraiment la fin de l'histoire ?

Est-il si certain que la physique et la philosophie, lorsqu'elles sont mues par leur dynamique propre, ne se confrontent pas ? Ne se percutent jamais ?

N'y aurait-il donc nulle matière à discussions *physico-philosophiques* ?

Esprit d'ouverture, es-tu là ?

L'époque serait aux tables rondes et à la détente ?
Hein ? Qu'est-ce que t'en penses ?

Un « tonton flingueur »

Les murs sont à la mode.

Les ponts, semble-t-il, moins.

Prenant acte du constat que la physique et la philosophie sont deux activités bien distinctes, maints penseurs ont défendu l'idée d'une véritable ligne Maginot – efficace et opératoire, celle-là – entre les deux disciplines. Il s'agit selon eux d'empêcher la confusion des rôles, le mélange des genres, les incursions inopinées, l'hégémonie symbolique, la colonisation doctrinale : la philosophie ne saurait être assujettie à la science, dont Simone Weil disait, en dépit de toute l'admiration qu'elle avait pour elle, qu'« elle ne peut être autre chose pour le philosophe qu'une matière de réflexion[1] ».

Comment pourrait-on leur donner tort ? Il est clair, par exemple, que l'exportation de radieuses

1. Compte rendu de l'ouvrage collectif, *L'Avenir de la science*, Paris, Plon, coll. « Présences », 1941. Cf. Simone Weil, *Sur la science*, Paris, Gallimard, coll. « Espoir », 1966, p. 184.

métaphores d'un champ disciplinaire vers un autre, s'il lui arrive d'être éclairante, peut aussi se révéler abusive, trompeuse, voire absurde. De même, certains regroupements, logiques en apparence, se révèlent parfois à l'examen parfaitement ridicules. Ainsi, ce n'est pas parce qu'il y a un point commun entre les tables, les chaises, les chiens et les équations du quatrième degré que ce serait une métaphore géniale d'appeler toutes ces choses des quadrupèdes[1]...

Mais, parmi les partisans d'une ligne de démarcation entre la physique et la philosophie, figure le cas intéressant, car subtil et, en un certain sens, « ouvert », de Ludwig Wittgenstein. Tout au long de sa vie, l'auteur du *Tractatus* a considéré qu'il n'y a aucune continuité entre le projet des sciences et celui de la philosophie. Pour lui, les entreprises de la philosophie sont non seulement différentes, mais également indépendantes de celles de la science. La caractéristique d'un problème philosophique tient, selon lui, en ce que sa solution ne dépend jamais de l'acquisition d'une connaissance ou d'une information nouvelle, à la différence des problèmes scientifiques. Il écrivit dans ses fameux *Carnets* : « Lors même que toutes les questions scientifiques possibles sont résolues, notre problème n'est pas encore abordé[2] » (notre problème, c'est-à-dire « les problèmes de notre vie »). Son exégète Jacques Bouveresse précisera sa position en termes plus nuancés :

1. Cet exemple, inventé par Robert Musil, est cité par Jacques Bouveresse in *Le Philosophe et le Réel,* Paris, Hachette Littératures, 1998, p. 98.
2. Ludwig Wittgenstein, *Carnets 1914-1916*, Paris, Gallimard, 1971, remarque du 25 mai 1915.

> *À tort ou à raison, Wittgenstein estime qu'aucun résultat scientifique ne doit avoir une incidence directe sur la philosophie considérée en tant que telle, bien qu'il puisse évidemment fournir indirectement à la philosophie une occasion nouvelle de s'exercer, et qu'inversement le but de la recherche philosophique ne doit pas être d'exploiter, de ratifier ou de censurer ce qui se passe dans les sciences, mais seulement de le comprendre et de le décrire correctement, ce qui peut déjà être en fait la chose la plus difficile qui soit*[1].

« Fournir à la philosophie une occasion nouvelle de s'exercer »...

Oublieux de ces quelques mots pourtant riches de perspectives, les philosophes et les physiciens font souvent bande à part en pensant bien faire. Voyez le cas emblématique, donc souvent cité (ou plutôt souvent cité, donc emblématique) de Jean-Paul Sartre : durant les années 1930, tandis qu'il étudiait la philosophie à la Sorbonne, la physique et l'astrophysique faisaient leur révolution, avec les quanta d'une part, la découverte de l'expansion de l'univers d'autre part, mais on n'en trouve nulle trace dans ses écrits : pas la moindre allusion, pas le moindre écho ! La science du monde semble pouvoir être mise hors de la pensée de nos vies en ce monde (du moins n'y percole-t-elle pas d'elle-même).

Réciproquement, de grandes carrières scientifiques peuvent se mener sans qu'aucun intérêt soit porté aux enjeux philosophiques. Bousculés par l'agitation des laboratoires, pressés par le bon respect des plannings,

1. Jacques Bouveresse, *Essais III, Wittgenstein et les sortilèges du langage*, Paris, Agone, coll. « Banc d'essais », 2003, p. 34.

rares sont les chercheurs qui jugent nécessaire ou intéressant de leur consacrer un peu de leur temps. Dans les lieux de production des savoirs scientifiques, la philosophie ne rayonne donc guère : on y voit un violon d'Ingres désuet, une sorte de plaisir d'antiquaire auquel on ne saurait s'adonner qu'en sourdine, de façon plutôt dominicale.

Pour les esprits épris de rigueur et d'ordre « disciplinaire », cette quasi-absence de la philosophie dans les lieux abritant la science en train de se faire n'offre que des avantages et n'a que des vertus, ne serait-ce que parce qu'elle incite les physiciens à une certaine réserve philosophique, forcément jugée saine. Ces derniers s'épargnent ainsi de prendre part à bien des débats hasardeux, par trop métaphysiques, qu'il est plus sage de laisser aux philosophes de métier. « La sagesse ne commande-t-elle pas au cordonnier de s'arrêter au rebord de la chaussure[1] ? » Et puis, que pourraient-ils y trouver à glaner ? Les sciences ne se sont-elles pas héroïquement émancipées de la philosophie, de la même façon que la philosophie s'était libérée de la théologie ? N'est-ce pas en se débarrassant d'une certaine « gadoue métaphysique[2] », pour reprendre les termes élégants du prix Nobel de physique Steven Weinberg, qu'elles ont fini par conquérir leur puissance et leur efficacité, désormais sans rivales ?

1. Cette phrase me fut dite un jour, au cours d'une conversation sur un parking de Saclay, par Anatole Abragam (1914-2011), physicien de très grande classe, professeur au Collège de France.

2. Steven Weinberg, *Le Rêve d'une théorie ultime*, Paris, Éditions Odile Jacob, 1997, p. 159.

Telle est, tirée à grands traits, la situation présente. Elle n'a rien de scandaleux puisque, ainsi que nous venons de le rappeler, elle peut être argumentée et justifiée. Pourtant, ne gagnerait-on pas à la faire évoluer ? À en bouger deux ou trois lignes ? Car après tout, et comme le remarquait celui qui fut mon maître en philo-physique, Bernard d'Espagnat, « ni l'esprit ni le monde ne sont cloisonnés en compartiments[1] ».

Bien qu'intrinsèquement différentes et académiquement séparées, la physique et la philosophie ont en commun une même visée : augmenter et perfectionner, chacune à sa façon, la « connaissance ». Aussi éloignées et hétérogènes soient-elles, ne pourraient-elles donc pas communiquer ici ou là, et même s'entre-nourrir à propos de certaines questions ? C'est ce que nous voudrions montrer, en prenant appui sur un petit nombre de grands sujets : le temps, le vide (qui n'est pas rien), la causalité, la matière, le réel.

Il ne s'agira pas, bien sûr, de prôner une improbable fusion de la physique et de la philosophie qui conduirait à regrouper leurs épreuves aux examens (« Déterminez l'équation du mouvement d'un astéroïde de masse *m* en tenant compte de l'insoutenable légèreté de l'être », « La théorie de la relativité générale d'Albert Einstein signe-t-elle dialectiquement la mort de Dieu ? », « Selon vous, la formule $E = mc^2$ démontre-t-elle qu'une volonté de puissance se cache derrière tout désir de connaissance ? »). Non. Plutôt de créer une atmosphère superfluide, d'éther souple soutenant l'ondulation des diverses thèses en présence, voire de

1. Bernard d'Espagnat, *À la recherche du réel, le regard d'un physicien* (Paris, Gauthier-Villars, 1979), Paris, Dunod, 2015, p. 1.

produire entre elles des interférences aussi lumineuses que possible...

La réflexion sur ces questions n'a rien d'un jeu ou d'une distraction. Elle revêt à nos yeux une importance vitale, car il ne faudrait pas davantage malmener une ambition de l'esprit fort précieuse, celle qui vise l'unité de la pensée et du savoir, alors même que certaines découvertes invitent à redessiner les frontières posées à la connaissance par certaines philosophies trop rigides. Einstein ne prétendait-il pas qu'en certaines occasions, tout physicien digne de ce nom devient « une espèce de métaphysicien apprivoisé[1] » ?

Outre qu'il est déjà intéressant de l'examiner pour ce qu'il est et de mesurer ses effets directs, un tel rapprochement pourrait présenter l'avantage d'offrir à la philosophie l'occasion d'une ouverture vers des chemins de pensée inédits, en œuvrant à « comprendre et décrire correctement ce qui se passe dans les sciences » comme le préconise Wittgenstein. Symétriquement, les sciences, menacées par les dangers de l'hyperspécialisation et des cloisonnements thématiques artificiels, pourraient y trouver l'occasion d'entretenir leur créativité conceptuelle, de mieux penser leurs avancées en les connectant à l'histoire des idées. Bref, les deux parties auraient à y gagner, en vertu de deux lois aisément vérifiables dans la pratique. Première loi : l'indifférence affichée par certains esprits à l'égard de tout ce qui a trait aux connaissances scientifiques

1. Albert Einstein, *Sur la théorie de la gravitation généralisée,* in *Scientific American*, vol. 182, n° 4, avril 1950. Traduction française de Maurice Solovine, reprise dans Einstein, *Conceptions scientifiques*, Paris, Champs Flammarion, 1990, p. 128. Einstein écrit précisément : « Je crois que tout véritable théoricien est une espèce de métaphysicien apprivoisé, si forte que soit sa conviction d'être un "positiviste" pur et dur. »

ne fait pas à elle seule souffler le vent de la pensée. Il ne suffit pas d'ignorer la science pour préserver la culture, ni de la dénigrer pour doper l'intelligence. Seconde loi : la possession de connaissances scientifiques de haut niveau et la pratique de la démarche scientifique ne constituent pas, de par elles-mêmes, l'assurance de bien penser : en terrain difficile, même les esprits les plus aiguisés sont susceptibles de se perdre.

Certes, les physiciens auront toujours beau jeu de sourire en voyant les philosophes blêmir devant la première formule mathématique venue, ou de leur reprocher de couper les cheveux en quatre. Quant aux philosophes, ils ne se priveront guère de déplorer, sans trop aller y voir de près, que les physiciens ne réfléchissent pas plus loin que leurs calculs et ne pensent pas à la hauteur de ce qu'ils savent.

Il y a aussi de la méfiance, une méfiance mutuelle, mais cette donnée constitue, de notre point de vue, un élément plutôt favorable. Dans *Le cave se rebiffe*[1], l'un des personnages faisait judicieusement remarquer : « Depuis Adam se laissant enlever une côte jusqu'à Napoléon attendant Grouchy, toutes les grandes affaires qui ont foiré étaient basées sur la confiance. »

Pour être bien mené, le rapprochement, en plusieurs endroits, de la physique et de la philosophie suppose d'abord une certaine « politesse de l'esprit ». Elle réclame ensuite d'abandonner quelques souverains poncifs et autres clichés simplistes ou méprisants : non, la philosophie ne se réduit pas à des vapeurs qui

1. Film réalisé par Gilles Grangier et dialogué par Michel Audiard (1961).

montent à la tête ni à un simple galimatias sans assise véritable ; non, la physique n'est pas une friche morte où pâtureraient des équations sans âme que viendraient régulièrement défier des expériences de plus en plus difficiles à comprendre.

En une sorte d'*a priori* librement décidé, nous devrions plutôt voir Physique et Philosophie comme deux fort belles femmes amoureuses du même homme, et ayant, pour cette raison, une fois les réticences surmontées, bien des choses à se dire. Même si leurs langues sont différentes, même si les rapports de cet homme avec chacune d'elles sont si dissemblables qu'elles peuvent avoir l'impression de ne pas aimer la même personne, il leur reste la possibilité de dialoguer.

Mais est-il si facile de se tourner vers la physique quand on est philosophe ? Vers la philosophie lorsqu'on est physicien ? Incompatibilité des langages respectifs, conceptions différentes de la rigueur, hétérogénéité des notions de base, asymétrie des critères de jugement, tout conspire à rendre ces deux entreprises ardues.

Dans le premier cas, il faut aux philosophes bien du courage pour franchir le mur des équations qui constituent l'armature des formalismes de la physique. Pour les esprits – nombreux à se déclarer tels – qui répugnent à cet effort obligatoire (car penser suppose d'étudier), il reste une possibilité : lire et assimiler ce qu'écrivent les physiciens-passeurs, ces humains parmi les humains qui suivent la recommandation d'Erwin Schrödinger placée en épigraphe de ce livre. Afin de rendre accessibles les résultats et les avancées de leur discipline, ils conçoivent et élaborent une sorte de « sel » capable de rendre aux idées et aux concepts de la physique leur saveur propre, puis tentent de les exprimer dans un langage dont les non-spécialistes puissent se saisir au prix d'un minimum de malentendus.

Pour jauger la difficulté du second cas, celui des physiciens qui se tourneraient vers la philosophie, nous nous contenterons de citer un jugement original et plutôt encourageant formulé, là encore, par Ludwig Wittgenstein. Trop peu connu ou trop vite oublié (peut-être parce qu'il est difficile à entendre pour les physiciens), il s'appuie sur le fait que la physique serait une science moins « rigide » que les mathématiques :

> *Les étudiants les mieux disposés à l'étude de la philosophie sont aujourd'hui les étudiants en physique. Le flou manifeste qui règne dans leur science rend leur compréhension plus souple que celle des mathématiciens, embourbés dans une tradition sûre d'elle-même*[1].

Mais puisque notre but est d'ouvrir des zones de contact, de construire des ponts entre différentes disciplines académiques, nous ne céderons pas à la tentation de les hiérarchiser, encore moins à celle de les subordonner à l'une d'entre elles, jugée plus impériale que les autres.

En 1930, alors qu'il résidait à Berlin, Albert Einstein reçut un jour la lettre d'un correspondant qui lui posait deux questions. La première portait sur sa formation intellectuelle : les résultats scientifiques qu'il avait obtenus devaient-ils quelque chose à ce qu'il est

1. Ludwig Wittgenstein, *Carnets de Cambridge et de Skjolden*, Paris, PUF, coll. « Perspectives critiques », Paris, 1999, p. 77.

convenu d'appeler la « pensée spéculative » ? Dans la seconde, il demandait si les recherches des physiciens sur l'espace, le temps, la causalité, les bornes de l'univers, son commencement et sa fin ne rendaient pas finalement sans objet toute philosophie spéculative : ne suffisait-il pas d'attendre que la physique réponde à toutes les questions et colonise jusqu'à la métaphysique la plus éthérée ? Einstein lui répondit ceci :

> *La philosophie est comme une mère qui a donné naissance aux autres sciences de la nature et qui les a enrichies. Aussi ne peut-on la mépriser dans son dépouillement et sa pauvreté, mais espérer plutôt qu'une part de son idéal donquichottesque revivra dans ses enfants et les empêchera de sombrer dans le comportement des philistins*[1].

Il faisait là entendre que la science est fille de la philosophie. Elle l'est en effet, au moins pour partie, notamment parce que les notions de preuve ou de démonstration, systématiquement attachées à la science, ont trouvé leurs premiers fondements dans le long travail philosophique qui fut mené bien avant l'avènement de la science proprement dite. Mais cette réplique d'Einstein ne satisferait sans doute pas un physicien « pur » (si tant est qu'un tel personnage existe), car elle choquerait sa conviction que sa science et ses connaissances sont comme autoportées, indépendantes de toutes les autres, qu'elles n'ont donc pas à être repensées au sein d'un ensemble plus vaste. Quant au qualificatif

1. Cette anecdote et cette citation sont tirées du livre de Helen Dukas et Banesh Hoffmann, *Albert Einstein, the Human Side,* Princeton University Press, 1979, p. 106. Elles sont reprises par Marie-Antoinette Tonnelat, « Einstein : les influences philosophiques », in *Einstein, 1879-1955, Colloque du centenaire*, Éditions du CNRS, 1980, p. 11-30.

« donquichottesque » qu'emploie Einstein, il risque de froisser le philosophe, sans doute peu enclin à assimiler l'objet de son combat à un vulgaire moulin à vent (le père de la théorie de la relativité maniait subtilement l'humour et l'ironie).

Quelques années plus tard, en 1936, alors que les fondements révolutionnaires de la physique dite « quantique » lui donnaient bien des tourments, Einstein précisa par un autre argument ce qui peut conduire les physiciens à entrer en philosophie :

> *On a souvent dit – non sans raison – que l'homme de science est un piètre philosophe. Alors, pourquoi le physicien ne délèguerait-il pas au philosophe le soin de philosopher ? Cela semble raisonnable dans les périodes où le physicien croit disposer d'un arsenal solide de concepts et de lois fondamentales si bien ancrés que toute forme de doute en est exclue. Mais cela cesse de l'être lorsque les fondements de la physique deviennent problématiques, comme c'est le cas aujourd'hui : alors que l'expérience même oblige à rechercher des fondements nouveaux et plus solides, le physicien ne peut plus simplement abandonner au philosophe la réflexion critique des fondements théoriques de la physique, parce que lui seul sait et sent mieux où le bât blesse*[1].

Existent en effet des situations où les avancées de leurs propres travaux et le trouble qu'elles engendrent en leurs esprits forcent les physiciens à interroger *eux-mêmes* la portée philosophique de ce qu'ils découvrent. C'est ce qui arrivera aux pères fondateurs de la physique quantique, cette nouvelle façon d'envisager et de

1. Cité par Vincenzo Barone in *Einstein, les vies d'Albert*, traduit par Hélène Leng, Louvain-la-Neuve, Éditions De Boeck Supérieur, 2017, p. 115.

décrire le comportement des atomes, des particules et de la lumière. Erwin Schrödinger, Niels Bohr, Werner Heisenberg, Wolfgang Pauli, Albert Einstein bien sûr, et d'autres encore essayèrent d'interpréter la nouvelle théorie, dont l'étrangeté les obligeait à se demander : en quoi consiste-t-elle vraiment ? Selon quelles règles doit-elle être utilisée ? Quels types de discours concernant la réalité autorise-t-elle ? Lesquels proscrit-elle définitivement ?

Germèrent ainsi, à la couture de la physique et de la philosophie, des questions à la fois urgentes et fascinantes qui mobilisèrent la pensée tout entière : quel lien entre le virtuel et l'actuel ? entre le possible et l'effectif ? l'aléatoire et le déterminé ?

Il ne s'agissait nullement d'offrir un sémillant supplément d'âme à d'amorphes équations, de les orner de guirlandes attrayantes ou folkloriques, ou de leur accorder une promotion lyrico-philosophique, mais de comprendre ce que veut dire « faire de la physique » lorsque celle-ci devient quantique. Ces pionniers, par définition installés aux premières loges, étaient les mieux placés pour à la fois poser ce problème et tenter de le résoudre. Et c'est bien d'en bas, en l'occurrence de la physique telle qu'elle se révélait sous leurs yeux ébahis, qu'ils se devaient de partir, non de quelque système philosophique prédéterminé et aérien à projeter sur elle. « L'esprit du grimpeur sait que le pied le plus sûr est toujours aussi le plus bas placé[1] », disait Robert Musil.

Bien sûr, il n'y a nul sens unique en la matière : l'infusion, tout comme l'inspiration, peut être

1. Robert Musil, *L'Homme sans qualité*, I, Paris, Le Seuil, 1957, p. 364.

réciproque. À la fin de sa vie, Einstein reconnut que sans la lecture des grands penseurs, notamment Hume, Kant, Schopenhauer ou encore Mach, il n'aurait pas eu la force intellectuelle de contester la conception classique de la temporalité, et ne serait donc sans doute pas parvenu à élaborer en 1905 sa théorie de la relativité restreinte : c'est chez eux qu'il trouva certains des arguments critiques qui lui permirent d'abandonner l'idée d'un temps absolu et universel[1].

La physique et la métaphysique ont toujours entretenu des liens, explicites ou cachés. D'où l'idée que les concepts de la physique seraient l'aboutissement de notions métaphysiques bien antérieures : la physique résulterait en somme, au moins pour partie, d'une condensation progressive de la métaphysique. Tout n'est peut-être pas aussi simple, pas aussi vrai.

Prenons l'idée d'atome, ou plus exactement l'histoire de cette idée. Bien avant de s'imposer aux scientifiques, il y a un peu plus d'un siècle, elle avait déjà germé, plusieurs centaines d'années avant Jésus-Christ, dans l'esprit de quelques penseurs de l'Antiquité, systématiquement célébrés pour avoir posé là les fondements de la science. Inventeurs d'une doctrine des chosettes, d'une « métaphysique de la poussière[2] », pour reprendre la formule de Gaston Bachelard, ces premiers « atomistes » rêvèrent que les éléments premiers de leur philosophie étaient indestructibles, éternels, pleins (c'est-à-dire compacts), et les imaginèrent s'agitant sans cesse dans le vide.

1. Voir Étienne Klein, *Le pays qu'habitait Albert Einstein*, Arles, Actes Sud, 2016, p. 83-85.

2. Gaston Bachelard, *Les Intuitions atomistiques, Essai de classification*, préface de Daniel Parrochia, Paris, Vrin, 2016 (première édition 1933), p. 102.

Si profonde qu'elle fût, cette idée des atomes fut disqualifiée, notamment par Aristote, pour ne réapparaître vraiment qu'au XIXe siècle, comme objet de polémique cette fois : ceux qui y croyaient s'opposaient durement à ceux qui n'y croyaient pas. Jusqu'à ce jour de 1906 où l'existence de l'atome fut démontrée grâce aux expériences menées à Paris par Jean Perrin sur le mouvement brownien[1].

Dans un premier temps, les physiciens crurent que leur atome était la copie incarnée de celui des philosophes. Mais ils s'aperçurent vite que cette première conception était bien trop naïve : l'atome est en réalité un univers en soi, très différent de l'idée que les uns ou les autres ont pu s'en faire par le passé[2]. Les atomes, les « vrais », ceux qui existent dans la nature et constituent la matière, ne possèdent aucune des propriétés que les atomistes de l'Antiquité leur avaient attribuées : ils ne sont pas insécables, en violation de leur étymologie ; ni pleins, puisqu'ils contiennent beaucoup de vide ; ils n'ont pas toujours été présents au cours de l'histoire de l'univers, et ne sont pas tous immortels, certains d'entre eux, radioactifs, se désintégrant au bout d'un certain temps.

En somme, *l'atome de la physique* contredit en tous points *l'idée philosophique d'atome*.

On se gardera d'en déduire que les atomistes grecs, ces penseurs géniaux, se sont trompés ou ont

1. Voir Étienne Klein, *Le pays qu'habitait Albert Einstein*, Arles, Actes Sud, 2016, p. 99-103.

2. Dans l'un des premiers modèles « modernes » de l'atome, celui proposé par Niels Bohr en 1913, les électrons tournant autour du noyau ne sont déjà plus caractérisés par leur granularité, ni par leur position dans l'espace, ni par l'évolution de celle-ci dans le temps, mais par leur seul niveau d'énergie (déterminé par l'état stationnaire dans lequel ils se trouvent).

eu tort de penser leur atome tel qu'ils l'ont pensé. Au contraire, même. Comme le dit joliment Miller Levy, « les choses qui n'existent pas n'existent pas pour rien[1] ». Ce sont bien ces atomistes anciens qui ont amorcé toute l'histoire, c'est bien leur idée de l'atome qui s'est révélée puissamment motrice et intellectuellement déterminante par les discussions et les controverses qu'elle a provoquées pendant plus de 2 500 ans, pour aboutir à la découverte expérimentale d'objets tout à fait réels, eux, mais fort différents de ceux qu'ils avaient conçus.

En l'occurrence, la filiation entre métaphysique et physique existe bel et bien, mais elle n'est directe qu'en apparence. Regardée de plus près, elle distille une double leçon, qu'il faut entendre sous peine de répéter *ad nauseam* de lancinantes vulgates : d'une part, l'atome des physiciens est un objet dont les propriétés n'avaient été préalablement imaginées par personne ; d'autre part, aucun objet physique ne ressemble, même de loin, à l'atome imaginé par les grands Anciens[2].

Mais trêve de digressions et d'anecdotes. Notre point capital, celui qui a déclenché l'écriture de ce livre, est le suivant : la fascination qu'exerce la physique moderne, son importance pour au moins une partie de la philosophie, vient de ce que, depuis quatre

1. Miller Levy, *La Philosophie floue, une approche*, Paris, PUF, 2015, p. 42.

2. La morale philosophique de cette histoire se trouve peut-être aussi dans ce constat général formulé par Clément Rosset : « C'est un des mystères attachés à la condition humaine, et la définition de sa folie essentielle, que le domaine de l'inexistant ait presque toujours la part plus belle par rapport au domaine de l'existant. » (Clément Rosset, *Principes de sagesses et de folie*, Paris, Minuit, 1991, p. 69).

siècles, ses déploiements ont été « violemment paradoxaux[1] ». Ses lois les plus fondamentales se sont construites contre l'expérience sensible du réel, contre le sens commun, contre les intuitions en apparence les mieux assurées : non, le soleil ne tourne pas autour de la terre même si nous le voyons se lever tous les matins et se coucher tous les soirs ; non, la gravité ne fait pas tomber les corps lourds plus vite que les corps légers, même si les boules de pétanque chutent plus rapidement que les feuilles mortes ; non, le mouvement des corps qui ne sont soumis à aucune force ne s'arrête jamais, même si notre voiture finit toujours par s'immobiliser lorsque nous cessons d'appuyer sur la pédale d'accélérateur ; non, l'eau froide ne gèle pas toujours plus vite que l'eau chaude, alors même que l'eau chaude doit d'abord devenir froide avant de devenir glace[2], etc. Or, penser, n'est-ce pas justement être capable de dire à sa propre pensée, dans une sorte d'étonnement délicieux, qu'elle se trompe – ou du moins qu'elle mérite d'être modifiée en certains

1. Alain Badiou, *L'Antiphilosophie de Wittgenstein*, Caen, Nous, 2009, p. 8.

2. En 1963, un jeune lycéen tanzanien, Erasto Mpemba, découvrit que l'eau chaude peut geler plus vite que l'eau froide, du moins dans certaines conditions. L'idée lui en vint lors d'un cours de cuisine, lorsqu'il se rendit compte que le lait chaud qu'il avait mis dans le réfrigérateur s'était transformé en crème glacée plus rapidement que le lait froid qu'y avaient mis ses camarades. Il en parla à ses professeurs, qui restèrent incrédules, mais finit par trouver un chercheur, Denis Osborne, qui le prit au sérieux, reproduisit avec succès l'expérience et en publia les résultats. On parle depuis de « l'effet Mpemba ». Ce phénomène n'est toujours pas correctement expliqué (voir « Quand dans le froid l'eau chaude se les gèle », *in* Étienne Klein, *Le Monde selon Étienne Klein*, Paris, Flammarion, coll. « Champs », 2016, p. 262-265).

points trop bien fixés ? Comme l'expliquait le philosophe Alain :

> *Penser, c'est dire non. Remarquez que le signe du oui est d'un homme qui s'endort ; au contraire, le réveil secoue la tête et dit « non ». Non à quoi ? Au monde, au tyran, au prêcheur ? Ce n'est que l'apparence. En tous ces cas-là, c'est à elle-même que la pensée dit non. Elle rompt l'heureux acquiescement. Elle se sépare d'elle-même. Elle combat contre elle-même. Il n'y a pas au monde d'autre combat. Ce qui fait que le monde me trompe par ses perspectives, ses brouillards, ses chocs détournés, c'est que je consens, c'est que je ne cherche pas autre chose. Et ce qui fait que le tyran est maître de moi, c'est que je respecte au lieu d'examiner. Même une doctrine vraie, elle tombe au faux par cette somnolence. C'est par croire que les hommes sont esclaves. Réfléchir, c'est nier ce que l'on croit. Qui croit ne sait même plus ce qu'il croit. Qui se contente de sa pensée ne pense plus rien*[1].

Qu'est-ce qui, mieux que la physique quand on la prend au sérieux, nous invite à nous écarter de nos pensées les plus ordinaires ? À saisir que rien ne va de soi dans l'univers ? Par ses paradoxes, ses violations du sens commun, ses tremblements de terre conceptuels, elle secoue nos idées, renverse nos arguments les plus solides et déplace nos certitudes. Au bout du compte, le réel que révèlent les physiciens contemporains n'a plus rien d'une *bureaucratie des apparences*. En un sens, il est intrinsèquement révolutionnaire.

1. Alain, *Propos sur les pouvoirs*, « L'homme devant l'apparence », 19 janvier 1924, n° 139, ou *Propos sur la religion*, LXI.

La science physique, disait Gaston Bachelard, « simplifie le réel et complique la raison[1] ». Elle simplifie le réel en voulant le ramener toujours davantage à la simplicité des relations mathématiques, lesquelles ne font jamais qu'exprimer notre exigence d'une représentation du réel en accord avec les principes de la logique. Mais elle complique également la raison : en remettant radicalement en cause, surtout dans les domaines de la physique atomique, de la physique des particules ou de l'astrophysique, les idées et les intuitions réputées les plus solides ; en faisant ressortir l'efficacité de théories qui contreviennent constamment aux principes auparavant considérés comme les plus fermes, donc les plus intangibles. En résumé, « dès qu'on veut décrire des choses simples, on voit se compliquer la philosophie de la description[2] ».

C'est ainsi que d'illustres *credo* se sont vus contestés, victimes de ce que de nouvelles connaissances sur la matière obligeaient à les repenser, ou plutôt à les dépasser, voire les abandonner, c'est-à-dire en définitive à penser autrement.

Parfois, l'activité des physiciens produit des résultats décisifs, cruciaux, tranchants, qui modifient les termes en lesquels certaines questions se posent, par exemple sur la matière, l'espace, le temps, le déterminisme, la causalité, l'objectivité... Ce sont alors des « découvertes philosophiques négatives[3] », pour reprendre la belle

1. Gaston Bachelard, *Le Nouvel Esprit scientifique*, Paris, PUF, 2013 (première parution en 1934), p. 54.

2. Gaston Bachelard, *Le Rationalisme appliqué*, Paris, PUF, 1949, p. 17.

3. En conclusion de leur article consacré à « La théorie de l'observation en mécanique quantique », Fritz London et Edmond Bauer écrivaient ceci : « La physique en tant que science empirique ne peut pas

expression inventée par deux pionniers de la physique quantique, Fritz London et Edmond Bauer, au sens où ils apportent des éclaircissements, voire des démentis, à propos de conceptions métaphysiques qui prétendaient décrire de façon trop précise le monde physique. Parce qu'ils contraignent la liberté argumentative et font même le tri parmi les thèses initialement en lice, ces résultats obligent à « reconstruire la raison », pour citer Gaston Bachelard, s'invitant *par la force des choses* dans des débats qui leur sont *a priori* périphériques ou étrangers. Certes, toutes ces découvertes philosophiques négatives « ne cassent pas l'histoire du monde en deux », pour reprendre les mots de Nietzsche, mais, ainsi que le notaient eux-mêmes London et Bauer en conclusion de leur article, elles « ne sont pas moins importantes, ni moins révolutionnaires pour la philosophie, que les découvertes des philosophes de métier ».

Et c'est ainsi que la science de la matière peut devenir elle-même matière... à contredire.

---

aborder les problèmes philosophiques en toute généralité ; elle se contente de se servir de concepts philosophiques suffisant à ses besoins ; mais parfois elle peut se rendre compte que certains des concepts qui lui ont servi ne lui sont nullement nécessaires, qu'ils contiennent des éléments inutiles et même incorrects, véritables obstacles au progrès. Si l'on peut contester qu'il soit possible de fonder des vérités philosophiques par les méthodes des physiciens, il n'est sûrement pas hors de leur compétence de mettre en évidence que certaines affirmations qui prétendent à une validité philosophique n'en ont pas en vérité. Et parfois ces découvertes philosophiques "négatives" des physiciens ne sont pas moins importantes, ni moins révolutionnaires pour la philosophie que les découvertes des philosophes de métier. » (F. London, E. Bauer, « La théorie de l'observation en mécanique quantique », in *Exposés de physique générale*, III, 1-51, Hermann, Paris, 1939 ; article reproduit in J. Leite Lopes, B. Escoubès, *Sources et Évolution de la physique quantique*, Paris, Masson, 1995, p. 133-153.)

Songeons à la question du temps : on peut bien sûr la traiter à coups de citations toujours mieux commentées d'Aristote, saint Augustin, Kant, Husserl et autre Heidegger, mais l'on se doit tôt ou tard de jeter un œil sur ce qu'en diraient l'équation de Boltzmann ou la théorie de la relativité d'Einstein si elles pouvaient s'exprimer : les philosophes parlent-ils de la même chose que les physiciens ? Si oui, leurs propos se recoupent-ils, se complètent-ils, ou se contredisent-ils ? Dans ce dernier cas, auxquels accorder le plus de crédit ?

Poser de telles questions, c'est refuser de cantonner la philosophie d'une part, la physique d'autre part, à des problèmes qui leur seraient propres. C'est aussi, de ce fait, les prémunir du risque de se transmuter en doctrines scolastiques.

De la même façon, demeure-t-il intellectuellement raisonnable de traiter de la question du « réel », de ses caractérisations, de son accessibilité ou de son éventuelle autonomie par rapport au sujet humain, sans tenir compte des leçons de la physique quantique, qui se sont révélées très contraignantes en la matière ? Ou de disserter du concept de masse en faisant comme si l'existence du boson de Higgs n'avait été dûment démontrée en juillet 2012 grâce aux expériences menées au LHC, le grand collisionneur du CERN à Genève ? Contrairement à ce qui est enseigné depuis des siècles, il est apparu là que la masse n'est pas une propriété essentielle ou primitive des particules de matière, mais un attribut secondaire qu'elles acquièrent du fait de leur interaction avec le vide, lequel n'est pas... vide ! Une telle découverte ne mérite-t-elle pas d'être un peu prise en considération sous le soleil des idées philosophiques, au moins autant que celle d'un ticket de pressing annoté de la main de Sartre ou Heidegger ?

Lorsqu'ils se produisent, de tels contacts entre la physique et la philosophie n'apportent pas systématiquement ce que Wittgenstein appelait la « paix dans les pensées » : ils relèvent tantôt de la caresse, tantôt de la poignée de main, tantôt du coup de poing dans la figure, voire à l'estomac.

Mais avant d'examiner chaque cas, il faut accepter d'ouvrir son esprit « dans les deux sens », n'avoir rien contre un peu de transgression et ne pas craindre les objurgations. En d'autres termes, mieux vaut être Rolling Stones plutôt que Beatles (au sens où « on sent bien que la guitare de Keith Richards n'est pas du côté de la police[1] ») pour accéder à l'*entre* de la physique et de la philosophie : ce lieu médian depuis lequel elles sont mises en vis-à-vis, comme en tension.

C'est Gaston Bachelard qui sera notre guide en la matière, lui qui a justement écrit :

> *Finalement, la philosophie de la science physique est peut-être la seule philosophie qui s'applique en déterminant un dépassement de ses principes. Bref, elle est la seule philosophie qui soit vraiment ouverte. Toute autre philosophie pose ses principes comme intangibles, ses premières vérités comme totales et achevées. Toute autre philosophie se fait gloire de sa* fermeture.[2]

L'intellect ne se développe pas qu'à partir de lui-même, du moins si l'on admet qu'il existe bel et bien un « en dehors de l'esprit ». Ce monde « extérieur »,

1. Philippe Manœuvre, *Le Monde*, 18 août 2017.
2. Gaston Bachelard, *La Philosophie du non, Essai d'une philosophie du nouvel esprit scientifique*, Paris, PUF, 1940, avant-propos.

dont nous concevons (sans pouvoir jamais le prouver) qu'il n'est pas nous, qu'il n'est pas en nous, constitue précisément ce que les physiciens tentent de cerner et qui, au gré de leurs interrogations et de leurs découvertes, peut faire retour sur ce que l'esprit croit ou pense à son sujet, croit ou pense tout court.

Reste cette question : par où commencer ? On connaît l'histoire de cet automobiliste complètement perdu dans la campagne irlandaise, qui finit par croiser un promeneur auquel il demande : « Savez-vous comment aller à Dublin ? » Et l'homme de lui répondre : « Oui, mais ce n'est pas du tout d'ici qu'il faut partir. »

Le risque existe qu'en effet nous ne prenions pas la bonne entame et errions quelque peu dans l'univers buissonnant des idées. Mais nous n'avons pas froid aux yeux. En guise d'échauffement, voire d'échauffourée entre des concepts antithétiques, nous avons choisi de commencer par un morceau colossal, une sorte de « sommet pointu », comme disent les montagnards : le temps qui passe.

Ou qui ne passe pas, car cela se discute ! En effet, si le temps passait autant qu'on le dit, ne devrait-il pas finir par ne plus être là, à force de passer ?

Le passé existe-t-il quelque part ?

Je ne suis pas jaloux de ton passé, chérie.

Paul Verlaine

Lorsqu'il est question, non du temps même, mais du rapport existentiel que nous entretenons avec lui, le langage, bien manié et précisément ajusté, parvient à saisir des bribes de vérité.

Songeons, par exemple, au sentiment d'impatience. Marcel Proust semble avoir saisi l'essentiel de son explication :

> *Les jours qui précédèrent mon dîner avec Madame de Stermaria me furent, non pas délicieux, mais insupportables. C'est qu'en général, plus la durée qui nous sépare de ce que nous nous proposons est courte, plus elle nous semble longue, parce que nous lui appliquons des mesures plus brèves ou simplement parce que nous songeons à la mesurer.*[1]

Les physiciens, bien que souvent considérés comme les « maîtres du temps », n'ont pas en cette matière de

1. Marcel Proust, *Le Côté de Guermantes*, Paris, Gallimard, coll. « Bibliothèque de la Pléiade », vol. 2, 1954, p. 172.

connaissances spécifiques à distribuer, ni la théorie de la relativité ni la physique quantique n'ayant quoi que ce soit à dire de l'impatience (qui n'est pas leur affaire). Preuve que les mots peuvent exprimer, parfois, plus de choses que ce que disent les équations, surtout lorsque celles-ci sont muettes ou hors-sujet.

Mais il est d'autres questions relatives au temps auxquelles nul d'entre nous, qu'il soit écrivain, scientifique, ni l'un ni l'autre, les deux à la fois, ne sait répondre, car cela exigerait des connaissances ou des compétences que personne ne possède. En décentrant notre pensée, elles la portent au bord de l'abîme et la font tituber de vertige. Comme celles-ci, qui demeurent voisines des interrogations que formulait déjà saint Augustin, il y plus de seize siècles :

- Où va le présent quand il devient passé ?
- Et où se trouve le passé lorsque plus rien ne le manifeste ?

De telles questions, qui interrogent le temps en usant de termes relatifs à l'espace, déclenchent en notre esprit un gigantesque embarras, car en associant des catégories d'habitude distinguées l'une de l'autre, elles sonnent comme des provocations intellectuelles. On n'y répond d'ailleurs que de façon bancale en accordant au passé une ontologie vacillante, à mi-chemin entre réalité et irréalité.

Prenons l'exemple d'une chaise qui n'est plus présente parce qu'elle a été détruite. Devons-nous considérer qu'elle existe encore quelque part, sous la forme d'une « chaise passée qui a existé » ? Ou bien qu'elle n'existe plus du tout, nulle part ? La réponse, à l'évidence, se discute.

D'un côté, on peut soutenir que le passé est privé de tout lieu d'existence et de toute consistance réelle, au motif qu'il est incapable de se frayer une voie vers une présence observable ou palpable. Le passé serait donc irréel au motif qu'il est déconnecté du présent, conçu comme le seul lieu de la réalité : le passé, par essence dépassé, donc trépassé, n'existe plus, donc n'existe pas.

Dans ce cas, en disparaissant du présent, notre chaise détruite a été néantisée. Elle n'existe plus du tout, en aucun lieu.

Mais d'un autre côté, diamétralement opposé au précédent sur on ne sait quel cercle que formerait la pensée, on peut tout aussi bien considérer le passé comme une sorte de réalité éminente sous prétexte que sa condition de passé, achevé par définition, le met à l'abri de toute altération. Il est l'équivalent temporel d'une forteresse imprenable : si un événement s'est réellement passé, il demeurera toujours vrai qu'il a eu lieu, même si aucune mémoire ne l'a emmagasiné, même s'il n'a laissé aucune trace perceptible, même si son advenue est par la suite contestée ou niée[1]. Ainsi, le mal de tête que j'avais ressenti hier a beau avoir cessé aujourd'hui, il existe encore en tant qu'événement passé, mais il n'est plus douloureux (en ce sens, une douleur passée peut donc continuer d'exister sans plus faire mal...). Comme le disait déjà Sénèque, « le passé est une période soustraite au règne de la fortune ; elle ne peut être ni troublée ni enlevée ; c'est une possession perpétuelle et inaccessible aux menaces[2] ».

1. Cette fixité radicale du passé semble d'ailleurs si peu discutable que même les théologiens les plus audacieux ont limité l'omnipotence divine en refusant d'accorder à Dieu le pouvoir exorbitant d'effacer ou de modifier le passé à sa guise.

2. Sénèque, *De la brièveté de la vie*, X, in *Les Stoïciens*, Paris, Gallimard, coll. « Bibliothèque de la Pléiade », p. 705-706.

Selon cette conception, la chaise détruite continue d'exister et existera toujours au motif qu'elle est passée par la case présent (surtout si elle a été photographiée)[1].

Ainsi, en jouant un peu (beaucoup, passionnément) avec le langage et la logique, on parvient à dire du passé à la fois qu'il s'est littéralement néantisé et qu'il est définitivement immortel. Puissance de la dialectique, pouvoir magique de l'antinomie, sublime de la contradiction…

Notons que cette question de l'accessibilité du passé n'est pas qu'une affaire de raisonnement. Elle peut être transposée, quasiment telle quelle, dans le champ de la littérature, à propos de la question du temps dit « vécu » : elle revient alors à se demander où placer le curseur sur une règle dont les deux extrémités représenteraient, par exemple, les œuvres de Francis Scott Fitzgerald et Marcel Proust.

Le premier considérait que le passé n'est nulle part, que chaque instant à peine vécu disparaît dans un gouffre, que les bonheurs enfouis sont donc perdus à jamais et que c'est une « fêlure » inguérissable : « On dit des cicatrices qu'elles se referment, en les comparant plus ou moins aux comportements de la peau, fait remarquer le héros de *Tendre est la nuit*. Il ne se passe rien de tel dans la vie affective d'un être humain. Les blessures sont toujours ouvertes. »

Le second prétendait, lui, pouvoir partir à la recherche du temps perdu et des bonheurs anciens grâce à un travail de purification de la mémoire : chacune de nos

1. Ainsi, regardant le portrait d'un condamné à mort qui attend sa pendaison, on peut se dire : « Il est mort et il va mourir. » Car, comme l'a bien vu Roland Barthes, une photographie montre « le réel à l'état passé : à la fois le passé et le réel ». (Roland Barthes, *La Chambre claire. Note sur la photographie*, Paris, Gallimard/Seuil, coll. « Cahiers du cinéma », 1980, p. 149 ; p. 130.)

impressions passées peut revenir en surface, comme par enjambement, se retrouver dans le présent débarrassée de sa gangue contextuelle initiale et ainsi percuter sa véritable signification. Le passé possèderait ainsi la capacité de projeter, en la revivifiant, en la revigorant, son évanescente réalité au sein du présent même :

> *Qu'un bruit, qu'une odeur, déjà entendu ou respirée jadis, le soient de nouveau, à la fois dans le présent et le passé, réels sans être actuels, idéaux sans être abstraits, aussitôt l'essence permanente et habituellement cachée des choses se trouve libérée, et notre vrai moi qui, parfois depuis longtemps, semblait mort, mais ne l'était pas entièrement, s'éveille, s'anime en recevant la céleste nourriture qui lui est apportée.*[1]

Remarquons au passage que cette dynamique qu'invoque Proust peut aussi se produire dans le sens contraire, du présent vers le passé, ainsi qu'il l'a lui-même suggéré dans cet extrait de *Du côté de chez Swann* :

> *Tout cela faisait pour moi [de l'église] quelque chose d'entièrement différent du reste de la ville : un édifice occupant, si l'on peut dire, un espace à quatre dimensions – la quatrième étant celle du temps – déployant au travers des siècles son vaisseau qui, de travée en travée, de chapelle en chapelle, semblait vaincre et franchir, non pas seulement quelques mètres, mais des époques successives d'où il sortait victorieux.*[2]

Lorsque nous nous concentrons sur un objet matériel, un immeuble, une pierre, une vieille montre, le seul fait d'y

1. Marcel Proust, *À La recherche du temps perdu*, Paris, Gallimard, coll. « Bibliothèque de la Pléiade », t. III, p. 873.
2. Marcel Proust, « Combray », *Du côté de chez Swann*, t. I, p. 160.

prêter attention nous porte en effet à nous enfoncer dans son histoire, à nous décaler, par l'imagination, de la surface de son présent ; nous percevons alors quelque chose qui semble encore l'attacher à sa lointaine provenance[1]. Vladimir Nabokov n'évoque-t-il pas une « transparence des choses, à travers lesquelles brille leur passé[2] » ?

Bien sûr, le passé est également l'enjeu du travail de l'historien : reconstituer les fils d'une trame temporelle, telles sont bien son ambition et sa mission. Poussées à l'extrême, celles-ci viseraient même à rendre présent ce qui n'est plus, à faire comme si le passé était encore là, quelque part, presque montrable tel qu'il fut. Mais cette tâche est sans doute démesurée, peut-être même impossible, car, au fond, toute époque est incommensurable à celles qui la précèdent ou lui succèdent : le travail du temps qui passe et les événements qu'il porte contrarient les mises en correspondance trop directes. La durée qui nous sépare du passé n'est pas seulement une épaisseur dont l'opacité rend l'image du passé plus confuse : au cours du temps, c'est aussi notre façon de regarder qui s'est modifiée au point que nous ne pouvons plus voir ce que voyaient nos prédécesseurs, même lorsque nous l'avons sous les yeux. Ainsi, je puis contempler le Mont-Blanc d'aujourd'hui, mais saurais-je ressentir *précisément* ce qu'éprouvaient les Chamoniards au XVIe siècle, soit bien avant la première ascension de son sommet, en 1786, par Jacques Balmat et Michel Paccard ? Serais-je vraiment capable de l'imaginer *exactement*

1. Chaque année, lors du spectacle son et lumière « La nuit des Invalides », sont projetées sur les façades de cet édifice des mises en scène de son histoire, comme si le passé revenait brièvement épouser la surface du présent.

2. Vladimir Nabokov, *La Transparence des choses*, Paris, Fayard, 1979, p. 11.

comme eux l'imaginaient, c'est-à-dire tout peuplé de spectres, de gueules béantes et de méchants fantômes ? En un sens, le Mont-Blanc, même s'il demeure bel et bien là, n'existe plus comme autrefois (je ne parle même pas là de la fonte spectaculaire des glaciers).

En voulant reconstruire par la pensée ou le souvenir les périodes passées, nous les installons immanquablement dans le monde d'aujourd'hui. C'est ainsi que la mémoire mélange les temporalités et brouille l'ordonnancement chronologique des événements. Elle est une sorte de voyage dans le temps d'un genre original, de reconstruction plus ou moins consciente par laquelle le passé, projeté directement dans le présent, s'en imprègne, voire s'y conforme. En somme, la mémoire effectue le trajet inverse de celui que propose la science-fiction, dont les voyages temporels vont dans le passé ou bien dans le futur, rarement dans le présent...

À la réflexion, il n'y a qu'un être qui ait conservé la mémoire intégrale de tout son passé : l'univers lui-même... Une grande partie de son passé nous est en tout cas accessible : grâce à leurs collisionneurs de particules à haute énergie, les physiciens se rendent capables de « faire exploser le passé dans le présent » en recréant, pendant des durées très brèves, les phénomènes physiques qui eurent lieu dans l'univers primordial.

Mais suffit-il de se souvenir ou d'avoir accès au passé pour comprendre le temps physique ? Sans doute pas. Ludwig Wittgenstein considérait que le temps de la mémoire et le temps de la physique sont deux concepts logiquement différents, bien qu'ils soient apparentés dans nos façons de les dire :

Le temps de la mémoire se distingue entre autres choses du temps physique par le fait qu'il est une demi-droite dont l'extrémité est le présent. La différence entre

> *temps de la mémoire et temps physique est naturellement une différence logique. Autrement dit, les deux ordres pourraient très bien être désignés par des noms complètement différents et on ne les appelle tous les deux « temps » que parce qu'une certaine parenté grammaticale existe, tout à fait comme entre nombres entiers et nombres rationnels.*[1]

Le temps de la mémoire tend en effet à nous apparaître comme une simple portion du temps physique : on ne se souvient guère de ce qui va se passer, ni de ce qui n'a pas encore eu lieu, de sorte que pour la mémoire, le futur n'est qu'un temps vide, une figure de rhétorique, un fantasme que seule l'imagination peut investir.

Ainsi y a-t-il dissymétrie mémorielle entre le passé et le futur. Elle semble radicale, mais peut-être est-elle seulement due à nos limitations cognitives, ainsi que l'avait envisagé Vladimir Nabokov :

> *Peut-être que si le futur existait, concrètement et individuellement, sous une forme qu'un bon cerveau pût discerner, le passé offrirait moins de séductions : ses attraits s'équilibreraient avec ceux du futur. Des « personnes » pourraient alors se jucher sur le pivot de la bascule pour examiner tel ou tel objet. Ce serait peut-être drôle.*[2]

L'idée que le passé correspondrait à une demi-droite, de longueur infinie par nature, suppose toutefois que le temps existe depuis toujours, autrement dit qu'il

1. Ludwig Wittgenstein, *The Big Typescript ; Wiener Ausgabe, Band 11*, Michael Nedo (éd.), Vienne-New York, Springer, 2000, § 105, p. 521.

2. Vladimir Nabokov, *La Transparence des choses*, *ibid.*, p. 11.

n'a pas d'origine et que la durée du passé est elle-même infinie. Si cela n'est pas vrai, alors la durée du passé augmente à mesure que le temps passe, tandis que celle du futur diminue (« Autrefois, il y avait plus d'avenir qu'aujourd'hui », note fort justement le chat de Geluck). Passé et futur seraient ainsi reliés comme deux vases communicants par un siphon, le présent agissant comme une machine capable de fabriquer du passé plein et lourd avec du futur vide et léger. Dans *Le Don,* le même Nabokov faisait dire à son héros Fiodor :

> *Notre sentiment erroné que le temps est une sorte de croissance est une conséquence de notre état limité qui, étant toujours au niveau du présent, implique sa constante remontée entre l'abîme aqueux du passé et l'abîme aérien de l'avenir.*[1]

Abîme aqueux d'un côté, aérien de l'autre, c'est-à-dire, en effet, deux sortes de pondérations que le présent démarque, sépare, oppose.

Mais se pourrait-il qu'il s'agisse là, non d'une authentique réalité, mais d'un simple effet de perspective ? Qu'à rebours de nos perceptions et de ce qu'indique notre mémoire, le futur existât autant que le passé ?

Des physiciens ont proposé une lecture de la théorie de la relativité qui va précisément dans ce sens. Publiée par Einstein en 1905, cette nouvelle conception des relations mutuelles de l'espace et du temps banalise la notion d'événement : aux yeux de son formalisme, tout est événement. Plus précisément, les seuls éléments de réalité qui existent selon elle ne sont pas des choses, des objets matériels par exemple, mais des événements

1. Vladimir Nabokov, *Le Don,* trad. Raymond Girard, Paris, Gallimard, 1991, p. 428.

dans l'espace-temps, chacun étant représenté par un simple point, repéré grâce à quatre coordonnées, trois d'espace et une de temps : mon ordinateur posé sur cette table à 10 h 11 est un événement ; mon ordinateur au même endroit une seconde plus tard est encore un événement. L'événement devient en somme la norme universelle, la platitude relativiste par excellence. Après qu'il a eu lieu, il continue d'exister dans l'espace-temps, à la même place, et rien, absolument rien, ne peut l'effacer ou le défaire.

S'appuyant sur cet enseignement de la théorie de la relativité, des théoriciens ont développé une thèse, dite de « l'univers-bloc », qui invite à considérer l'espace-temps comme une structure intégralement déployée de toute éternité, au sein de laquelle tous les événements, qu'ils soient passés, présents ou futurs, coexistent. Ils y ont exactement la même réalité, de la même manière que les différentes villes de France coexistent en même temps dans l'espace, tout en étant situées en des lieux différents : tandis que je suis à Paris, Tourcoing et Marseille existent tout autant que la capitale, la seule différence entre ces trois villes étant que Paris accueille ma présence, alors que ce n'est le cas ni de Tourcoing ni de Marseille, du moins au moment où j'écris ces lignes. De la même façon, selon la conception de l'univers-bloc qui étend à l'espace-temps ce que nous venons de dire sur l'espace, tout ce qui a existé dans le passé existe encore au sein de l'espace-temps, et tout ce qui va exister dans le futur y existe déjà aussi (en somme, on pourrait dire que « le futur existe déjà dans l'avenir »). Les événements dits « présents » sont comme les autres, à ceci près qu'ils sont ceux qui se trouvent se produire là où nous sommes nous aussi présents dans l'espace-temps. Le présent ne serait en somme rien d'autre que le lieu de notre présence mobile. Quant à l'espace-temps, il contiendrait l'intégralité de l'histoire de la réalité, chaque événement passé, présent ou futur y occupant depuis la nuit des temps, et pour toujours, une place bien déterminée. C'est un peu comme pour la pellicule d'un film de cinéma : celle-ci existe sous forme statique, elle contient « en même temps et sans cesse » toutes les images du film, elle n'a pas de temporalité propre, mais dès qu'on la projette sur un écran, elle en acquiert une, par le défilement successif des images.

En somme, les événements passés et futurs seraient « là » eux aussi, mais « installés » ailleurs qu'à l'endroit où nous sommes présents dans le déploiement spatio-temporel de l'univers. Finalement, la seule différence entre le moment présent et les autres moments du temps tiendrait en ce qu'il accueille notre présence, alors que le passé et le futur, soit ne l'accueille plus, soit ne l'accueille pas encore…

Mais alors, ce que nous appelons le passé ne serait-il que ce dont nous sommes capables de nous souvenir, c'est-à-dire presque rien par rapport à toute l'histoire de l'univers ? Notre mémoire ne se déploierait-elle que sur le terreau d'un colossal oubli ?

Halte-là ! Nous pourrions discuter ainsi, pendant des pages et des pages, du temps tel qu'on le structure, tel qu'on le pense, tel qu'on le vit, le dit, le mesure, l'imagine, citant des centaines de penseurs tous plus profonds les uns que les autres. Mais qui a autorité pour en parler le mieux, avec les arguments les plus forts, tirés des plus hautes sources ? Qui peut donc se prévaloir d'avoir mis la main sur le temps ?

Les philosophes ? Les physiciens ? Les autres ?

Qui est légitime à parler du temps ?

On a tous en nous un monde de choses, chacun un monde de choses à soi. Et comment pouvons-nous nous comprendre, monsieur, si dans les mots que je prononce je mets le sens et la valeur des choses que j'ai en moi ; alors que celui qui les écoute les prend inévitablement avec le sens et la valeur qu'ils ont pour lui, avec son monde à lui.[1]

Pirandello

George Orwell avait raison : « Les mots n'ont pas plus de rapport avec la réalité que les pièces d'un jeu d'échecs avec des individus réels[2]. »

Ainsi, nous méditons sur le temps sans jamais trop savoir à quel type d'entité nous avons affaire : substance ? fluide ? illusion ? invention ? De nombreuses locutions familières suggèrent qu'il s'agirait d'un être physique, tandis que d'autres, tout aussi nombreuses et non moins éloquentes, laissent penser le contraire, par exemple qu'il ne serait qu'une production de notre

1. Pirandello, *Six Personnages en quête d'auteur,* trad. Stéphane Braunschweig, Besançon, Les Solitaires intempestifs, 2012, p. 37.
2. George Orwell, *New Words*, 1940.

conscience, ou bien un aspect des processus naturels, ou encore une simple construction culturelle.

Les avis divergent, sur ces points comme sur beaucoup d'autres, et pour cause : qui saurait dire, à partir d'un savoir parfaitement sûr, si le temps est ce qui accueille les événements, ou si, au contraire, il en émane ? Et qui pourrait se targuer d'avoir une connaissance assez complète et suffisamment certaine pour expliciter ce qu'indiquent vraiment les horloges quand nous disons qu'elles donnent l'heure ? ou pour déterminer si le temps ne se montre vraiment que dans « la présentification de l'aiguille qui avance[1] », selon les mots de Heidegger, ou s'il est *aussi* cette puissance qui vieillit les êtres, altère et use les choses, ronge jusqu'aux roches les plus dures ?

En guise de réponses à ces questions, chacun se risque à dire son mot, et se sent d'ailleurs pleinement autorisé à le faire. Mais, en général, cela cacophone vite et les esprits s'embrouillent : un tel dit que le temps s'arrête quand plus rien ne change, tel autre qu'il continue de passer quand plus rien ne se passe, tel autre encore qu'il ne s'écoule que dans notre conscience, tel autre enfin qu'il s'accélère. Le moins que l'on puisse dire, c'est que le temps n'a pas de vertu œcuménique : en parler n'équivaut jamais à le dire, encore moins à le saisir, de sorte que tenter d'accorder les violons à son propos revient à vouloir sculpter l'océan.

Au fond, à quoi le temps ressemble-t-il vraiment ? Est-il comme notre langage le raconte ? Comme nous croyons le percevoir ou le vivre ? Comme le représentent les physiciens ? Comme le pensent les philosophes ?

1. Martin Heidegger, *L'Être et le Temps*, § 81.

A priori, c'est vers les philosophes que l'on doit se tourner, tant la question du temps a été et demeure l'une de leurs grandes affaires. Nombre d'entre eux – Aristote, saint Augustin, Leibniz, Kant, Husserl, Bergson, Heidegger... – n'ont-ils pas mis sur pied des systèmes ingénieux et cohérents permettant de le penser au plus près ? Sans doute. Mais « mettre sur pied » et « mettre la main sur » sont deux opérations différentes : construire une « philosophie du temps », aussi rigoureuse qu'elle semble être, n'implique pas nécessairement qu'elle vise juste.

En outre, celui ou celle qui se tournerait exclusivement vers la philosophie en matière de temps se heurterait à deux difficultés. La première, habituelle car inhérente à la philosophie même, tient à ce que les philosophes ne sont pas tous d'accord entre eux : leurs discours font du temps tantôt le principe du changement, tantôt l'enveloppe invariable de toute chronologie ; tantôt ils l'assimilent à la furtivité, à l'évanescence, tantôt à une arène statique, emplie de ce qui a déjà eu lieu et en attente de ce qui viendra s'y produire ; tantôt ils le conçoivent comme un être purement physique, ou, au contraire, comme un produit de la conscience ou de certaines cultures, voire comme une illusion... Il faudra donc faire des choix. Mais selon quels critères ? l'élégance du système proposé ? sa séduction ? sa rigueur ? sa vraisemblance ? son auteur ?

La seconde difficulté, corrélative de la première et dûment identifiée par le philosophe Francis Wolff[1], tient à ce que la philosophie elle-même se trouve comme clivée par la question du temps, au sens où elle répartit en deux

1. Francis Wolff, « Le temps passe-t-il ? », *L'Animal*, n° 13, hiver 2002, p. 97-117.

catégories presque étanches ses différentes doctrines. Pour les unes, le temps doit être pensé comme un simple ordre d'antériorité ou de postériorité, sans qu'aucune référence ne soit faite ni à l'instant présent, ni à la conscience de quelque observateur, ni même à sa simple présence : la seule chose qui existe, selon elles, ce sont les relations temporelles entre événements ; le temps apparaît alors comme un ordre de succession qui déploie des chronologies objectives, définitives, indépendantes de nous.

Pour les autres, le temps est un passage, le passage d'un instant particulier, le transit du présent vers le passé et de l'avenir vers le présent. Cette dynamique ne pouvant être décrite et pensée qu'en faisant intervenir la présence d'un sujet sentant que le temps passe, le temps apparaît comme n'étant plus seulement un ordre chronologique, mais une dynamique incessante dont le moteur serait lié à la subjectivité.

Vers laquelle de ces deux écoles de pensée la raison doit-elle pencher ? Difficile de dire, et pour cause. Et même pour deux causes.

La première provient d'un constat difficile à contester. L'idée selon laquelle le temps n'existerait pas en tant que tel en dehors du sujet doit en effet se confronter à des données factuelles, largement étayées, qui constituent pour elle une difficulté sérieuse : au cours du XXe siècle, les scientifiques ont pu établir que l'univers a un âge au moins égal à 13,7 milliards d'années, que la Terre s'est formée il y a 4,45 milliards d'années, que la vie y est apparue il y a 3,5 milliards d'années et que l'apparition de l'Homme ne remonte, elle, qu'à 2 ou 3 petits millions d'années. Que disent brutalement ces nombres ? Que l'humanité, espèce toute récente, n'a pas été contemporaine de tout ce que l'univers a connu ou traversé, et qu'il s'en faut de beaucoup : 2 ou 3 millions d'années contre 13,7 milliards, cela fait un rapport de 1 à 6 850 dans le premier cas, de 1 à 4 560 dans le second… Il est donc clair que l'univers a passé le plus clair de son temps à se passer de nous. Dès lors, si l'on défend l'idée que le temps serait subordonné au sujet et ne pourrait exister sans lui, on voit surgir un problème d'ordre quasi logique : comment le temps a-t-il bien pu s'écouler avant notre apparition ? Ce « paradoxe de l'ancestralité » a été pointé du doigt par de nombreux auteurs[1], à juste titre. Car cantonner le temps *dans le sujet*, ou vouloir que le temps n'ait de réalité que subjective, n'est-ce pas s'interdire d'expliquer l'apparition du sujet *dans le temps* ?

La seconde cause tient au fait que si, au contraire, on considère que le temps existe et passe indépendamment de nous, de façon autonome, alors il reste à identifier et à caractériser le « moteur du temps », c'est-à-dire le mécanisme imperceptible qui fait que dès qu'un instant présent se présente, un autre instant présent apparaît, qui demande au précédent de bien vouloir aller se faire voir ailleurs et prend aussitôt sa place, avant qu'un autre instant présent l'envoie lui-même se promener dans le passé, prenne sa place dans le présent, et ainsi de suite. Les physiciens théoriciens cherchent ardemment la source de cette dynamique cachée, notamment aux frontières de la physique quantique (qui décrit les forces nucléaires et électromagnétiques) et de la théorie de la relativité générale (qui décrit la gravitation), mais ils ne l'ont pas encore proprement identifiée[2].

1. Notamment par le philosophe Quentin Meillassoux dans son livre *Après la finitude, Essai sur la nécessité de la contingence,* Paris, Seuil, 2012 (réédition).

2. Pour en savoir plus, voir Étienne Klein, *Le facteur temps ne sonne jamais deux fois,* Paris, Flammarion, 2011, première partie.

Conclusion : si l'on admet que le temps dépend du sujet, on tombe sur un drôle de problème, et si l'on admet qu'il n'en dépend pas, on tombe sur une sacrée difficulté...

Ces impasses renvoient d'ailleurs à une interrogation dynamico-géométrique que soulevait Henri Bergson dans *Durée et Simultanéité* : comment du successif, se demandait-il, peut-il être engendré par du juxtaposé ? Par quel mécanisme des points placés sur une ligne droite traversant l'espace parviennent-ils à se temporaliser dynamiquement ? Récemment, le physicien Lee Smolin a attiré l'attention sur cette énigme, qu'il appréhende comme une difficulté conceptuelle majeure entravant l'avancement de la physique théorique :

> *Quand on représente graphiquement un mouvement dans l'espace, le temps est représenté comme s'il n'était qu'une autre dimension spatiale. Le temps est comme gelé. [...] Il faudrait trouver une manière de* dégeler *le temps, de le représenter sans le transformer en espace.*[1]

Sans même nous en rendre compte, en représentant le temps par une ligne de points ressemblant à ceux qui se trouvent dans l'espace, nous déplaçons, nous transposons (voire, nous contredisons ?) sa nature propre : « Dès l'instant où l'on attribue la moindre homogénéité à la durée, remarquait Henri Bergson, on introduit subrepticement l'espace[2]. » De ce fait, dessiner d'un trait fléché l'axe du temps, ainsi que nous avons pris à l'école l'habitude de le faire sous la plupart de nos

1. Lee Smolin, *Rien ne va plus en physique !*, Paris, Dunod, 2010, p. 336-337.

2. Henri Bergson, *Essai sur les données immédiates de la conscience*, Paris, PUF, 1997 (6e édition), p. 77.

graphiques ou courbes, devient un geste quasi monstrueux : on fait alors spatialement coexister – *exister ensemble dans un même présent* – des instants successifs qui, par définition, ne peuvent pas être tous présents… en même temps ! En somme, on représente les instants du temps de la même façon que s'ils étaient des points dans l'espace, ce qui déplace et transfigure leur nature spécifique. Dans sa *Critique de la raison pure*, Emmanuel Kant avait déjà pris acte de cette incongruité :

> *Nous représentons la suite du temps par une ligne qui se prolonge à l'infini et dont les diverses parties constituent une série qui n'a qu'une dimension, et nous concluons des propriétés de cette ligne à toutes les propriétés du temps, avec cette seule exception que les parties de la première sont simultanées, tandis que celles du second sont toujours successives.*[1]

Cette habitude topologiquement absurde que nous avons de dessiner le temps masque un problème redoutable : lorsqu'un instant est présent, où se trouvent les autres instants, par exemple ceux du futur ? Existent-ils ailleurs, depuis la nuit des temps, attendant seulement de devenir présents l'espace d'un instant, au moment où le temps passera par eux ? Ou gisent-ils encore dans le néant, hors de toute réalité, pour ne devenir fugitivement réels qu'au moment où ils seront présents ?

Tétanisés par ces questions, qui sont terribles en vérité, nous pourrions trouver quelque réconfort intellectuel à considérer que le temps n'est qu'un mot, un simple vocable qui n'a pas un sens qui lui soit donné par une puissance indépendante de nous, de sorte qu'il

1. Emmanuel Kant, *Critique de la raison pure*, Paris, PUF, 1971, p. 63.

pourrait y avoir une recherche quasi scientifique sur ce qu'il veut réellement dire : le sens de ce mot ne serait en somme rien d'autre que celui qu'indiquent les façons que nous avons de nous en servir ; il n'y aurait alors pas à se poser la question d'une vérité qu'il détiendrait ou masquerait, seulement à déterminer ce que nos phrases tentent de signifier vaille que vaille.

Le temps ne serait en somme qu'une affaire de grande causerie, le sujet d'une vaste et incessante conversation, à laquelle chacun d'entre nous participe de façon plus ou moins originale.

Mais si l'on fait cette hypothèse, on prend vite conscience de la gravité d'un autre paradoxe, qui vient s'ajouter aux difficultés langagières que nous avons déjà évoquées en début de chapitre : sitôt isolé des mots qui l'entourent, extrait du flux verbal où on l'a mis, le mot temps se transmute immanquablement en mystère insondable : le temps est-il une substance particulière ? existe-t-il par lui-même ? dépend-il des événements ?

C'est Paul Valéry qui a le mieux décrit cet étrange processus, ce plongeon dans l'abîme, dans la perte de signification, qu'effectuent les mots esseulés :

> *Vous avez certainement observé ce fait curieux que tel mot, qui est parfaitement clair quand vous l'entendez ou l'employez dans le langage courant, et qui ne donne lieu à aucune difficulté quand il est engagé dans le train rapide d'une phrase ordinaire, devient magiquement embarrassant, introduit une résistance étrange, déjoue tous les efforts de définition aussitôt que vous le retirez de la circulation pour l'examiner à part, et que vous lui cherchez un sens après l'avoir soustrait à sa fonction momentanée ? Il est presque comique de se demander ce que signifie au juste un terme que l'on utilise à chaque instant avec pleine satisfaction.*

> *Par exemple, je saisis au vol le mot Temps. Ce mot était absolument limpide, précis, honnête et fidèle dans son service, tant qu'il jouait sa partie dans un propos, et qu'il était prononcé par quelqu'un qui voulait dire quelque chose. Mais le voici tout seul, pris par les ailes. Il se venge. Il nous fait croire qu'il a plus de sens qu'il n'a de fonctions. Il n'était qu'un moyen, et le voici devenu fin, devenu l'objet d'un affreux désir philosophique. Il se change en énigme, en abîme, en tourment de la pensée.*[1]

En définitive, il apparaît que, lorsque nous parlons du temps, « nous ne nous comprenons nous-mêmes que grâce à la vitesse de notre passage par les mots[2] ». Parce qu'elle seule permet que nous communiquions de façon à peu près intelligible, la célérité de notre débit verbal serait en somme la vertu principale du langage qu'on appelle « courant » : avec un langage marchant au rythme d'une tortue, nous n'échangerions que des malentendus ou des propos apparemment sans queue ni tête...

L'usage du mot temps a beau être des plus fréquents, il ne mène à nul éclaircissement de la réalité qu'il prétend dénommer. Dire le temps, le verbaliser, le baliser par le verbe, ce n'est jamais le désigner « en tant que lui-même », même si on use de sinuosités raffinées. Le temps n'est manifestement pas une « chose » au sens usuel du terme. Sa réalité est plus subtile que celle d'un caillou : nul ne peut se vanter de pouvoir le montrer du doigt, ni de le cerner grâce à une batterie d'images parlantes, encore moins de le tenir en main.

1. Paul Valéry, *Poésie et pensée abstraite*, The Zaharoff Lecture for 1939, Oxford, 1939, p. 7.
2. Paul Valéry, *ibid.*, p. 8.

Bien sûr, prêts à toutes les audaces, nous pourrions être tentés de suivre cette proposition de Vladimir Jankélévitch :

> *Il faudrait parler du temps comme Plotin parle de l'ineffable : recourant à une métaphore, pour ensuite la détruire, puis en trouver une autre plus légère, puis une autre encore, et finalement briser toutes les métaphores les unes contre les autres et, à partir de leurs débris, suggérer un je-ne-sais-quoi qui est l'horizon de l'ineffable.*[1]

Le problème est que ce procédé collisionnel promet de ne pas être très convergent. Pourquoi ? Parce que, lorsqu'on compare les expressions dont nous nous servons pour dire le temps, dans l'espoir de saisir, par recoupements et intersections, ce qu'il pourrait être *vraiment*, on découvre une difficulté supplémentaire : les images auxquelles nous l'associons lui attribuent un mode d'être qui plagie constamment ce qui s'y passe, comme s'il allait de soi que le temps s'identifie aux diverses temporalités qu'il accueille. Or, celles-ci sont si nombreuses, si hétérogènes et parfois si peu compatibles qu'au bout du compte, le « je-ne-sais-quoi » espéré se réduirait à pas grand-chose, sans doute à « presque rien »...

Notre pensée du temps est également grandement tributaire du rapport que nos existences entretiennent avec lui. Les phénomènes temporels dont nous sommes les sujets ou les témoins nous font croire qu'il leur ressemble ou les résume, ce qui nous conduit à lui attribuer autant de qualificatifs qu'il y aurait de temporalités

1. Vladimir Jankélévitch, *Quelque part dans l'inachevé*, entretiens avec Béatrice Berlowitz, Paris, Gallimard, 1978, p. 52.

différentes : ainsi parlons-nous de temps prétendument « vide » sous prétexte qu'il ne s'y passe rien ou que nous nous y ennuyons ; de temps « accéléré » sous prétexte que le rythme de nos vies ne cesse d'augmenter, comprimant notre perception des durées ; de temps « cyclique » dès que des événements identiques se répètent ; de temps « psychologique », avec l'idée qu'il s'agirait là d'une sorte de second temps, autonome, qui évoluerait sans se soucier de l'heure qu'indiquent les montres ; mais aussi de temps « biologique », « géologique » ou encore « cosmologique »... Comme si le temps se confondait, de par son essence même, avec les divers déploiements dont il est le support et qui lui servent de décor ou d'habit. Mais un temps ayant de telles allures d'arlequin aurait-il la moindre consistance propre ? Serait-il encore pensable ? Trop d'idées disparates ainsi projetées sur le temps ne tuent-elles pas l'idée même de temps ?

Enfin, dernière difficulté, liée à la précédente, le temps est victime d'abus de langage : en la matière, l'abondance de la mitraille verbale ne compense guère l'imprécision conceptuelle du tir. Dans ses *Confessions*, saint Augustin relevait déjà que « pour dire le temps, nous avons bien peu de locutions justes, beaucoup d'inexactes ». La polysémie du mot temps s'est même tellement déployée au fil... du temps que ses avatars occupent une place non négligeable dans les dictionnaires : il sert désormais à désigner tout aussi bien l'instant, le moment, la succession, la simultanéité, le changement, le devenir, la durée, l'urgence, l'attente, la vitesse, l'usure, le vieillissement, et même l'argent (en particulier sur les tempes, après la cinquantaine) ou encore la mort... Cela fait à l'évidence trop pour un mot de cinq lettres.

Un « nettoyage de la situation verbale » (pour reprendre là encore les mots de Paul Valéry) s'impose donc. Comment l'opérer ? À partir de quelle assise ? Sur quoi pourrions-nous « faire fond » ? La physique, si efficace depuis qu'elle s'est mathématiquement saisie du temps en en faisant un paramètre crucial de ses équations, permet certainement de procéder à un premier décrassage sémantique. Pour l'effectuer, il faut tenter de déchiffrer et de traduire en langage ordinaire ce que les équations les plus fondamentales de la physique diraient du temps si elles pouvaient (en) parler. Travail délicat et incertain, puisque les équations ne parlent pas d'elles-mêmes, mais, bien conduit, il permet d'identifier des messages qui, nous le verrons, peuvent être profonds, puissants, parfois décapants.

Mais quand on s'engage dans cette voie, un doute finit toujours par surgir, fort embarrassant, à propos du vocabulaire avec lequel s'est dite la révolution newtonienne, celle qui a marqué la naissance de la physique dite « moderne ».

Chacun sait en effet que c'est le grand Isaac Newton qui a introduit en physique (en 1687, dans ses *Philosophiae naturalis principia mathematica*) la variable *t* dans les équations de la dynamique et qu'il a choisi de la baptiser « temps ». Nous sommes même devenus tellement habitués à cette représentation qu'elle nous semble naturelle, au point que nous ne pensons plus à poser cette simple question : en vertu de quelle conception préalable du temps et par quel cheminement intellectuel Newton a-t-il fait le choix d'une telle dénomination ? Et à partir de quelles connaissances antérieures a-t-il pu *reconnaître* le temps même sous les traits d'un être mathématique aussi rachitique ? Dans ses écrits, le père de la loi de la gravitation universelle ne s'est guère montré prolixe sur le sujet. En toute logique, il aurait dû nommer le paramètre *t* d'une autre manière, puisque ce temps physique, qu'il inventait, n'a aucune des propriétés que nous attribuons d'ordinaire à l'idée de temps : dématérialisé, abstrait, « sans relation à rien d'extérieur », ce temps *t* n'a pas de vitesse d'écoulement puisque lui en attribuer une supposerait que le rythme du temps varierait par rapport au... rythme du temps ; il n'a pas non plus les caractéristiques des phénomènes temporels qui se déroulent en son sein, alors même que nous parlons du temps comme s'il se confondait avec eux ; il est homogène, au sens où tous ses instants ont le même statut ontologique, ce qui implique qu'il ne change pas au cours du temps sa façon d'être le temps, c'est-à-dire ne dépend pas de lui-même (y compris lorsque « les temps, y changent », pour parler comme un certain Bob Dylan) ; enfin, il se montre en tout instant imperturbable, indifférent, impassible, au sens où rien – nul événement, nulle catastrophe, même cosmique – n'est susceptible de pouvoir affecter son cours. S'agit-il là du vrai temps, ou seulement d'une mutilante caricature ? Le paramètre *t* ne désigne-t-il qu'un temps amaigri, amputé ou incomplet, voire tout à fait autre chose que le temps ?

Ces interrogations en amènent une autre, de nature contrefactuelle : que se serait-il passé, pour notre pensée du temps, si Newton avait choisi d'appeler d'un autre nom la variable *t*, par exemple « trucmuche » ou « tartempion » (dont nous nous épargnerons de chercher la traduction anglaise) ? Dans cette hypothèse, les physiciens n'auraient pas parlé du temps dans les mêmes termes et on n'aurait peut-être jamais songé à les interroger à ce sujet. Ils se seraient contentés d'organiser des colloques en cercles fermés à propos de ce trucmuche ou de ce tartempion apparu dans leurs équations au XVIIe siècle ; de leur côté, les philosophes, historiens, sociologues et autres biologistes auraient continué de débattre de la notion de temps sans avoir à s'inquiéter des équations des physiciens…

Bref, s'il n'y avait pas eu ce choix, en grande partie arbitraire, opéré par Newton, nous serions aujourd'hui dans un tout autre monde lexical, donc dans une autre situation intellectuelle.

Le temps newtonien est certes physiquement mort, et même métaphysiquement anéanti – il a rendu l'âme en 1905, dans d'atroces souffrances, consécutivement à la publication de la théorie de la relativité restreinte d'Einstein –, mais ces questions de sémantique ne sont pas pour autant résolues. Loin d'être byzantines, elles se posent même aujourd'hui avec une gravité encore plus grande. En effet, afin de décrire au sein d'un même formalisme la gravitation et les trois autres interactions fondamentales, les théoriciens imaginent toutes sortes d'hypothèses à propos de l'espace-temps, et leurs calculs bouleversent à la fois sa structure et ses propriétés : l'espace-temps pourrait avoir plus de quatre dimensions, être déductible d'un « inframonde » plus fondamental que lui, ou bien encore être discontinu[1]… La question qui se pose à eux est donc celle-ci : quelles sont les propriétés caractéristiques du temps, celles qu'il faut lui accorder *a priori*, qui permettent ensuite de le reconnaître sous la forme de telle ou telle variable ou construction mathématique ? Pour *re*connaître le temps dans un jeu d'équations, ou pour y détecter son absence, ne faut-il pas déjà le connaître ? Mais

1. Pour en savoir plus, voir Étienne Klein, *Le facteur temps ne sonne jamais deux fois*, Paris, Flammarion, 2011, première partie.

comment le connaître *d'emblée*, c'est-à-dire avant de disposer de la théorie physique qui permettrait d'identifier sa nature et ses propriétés ? On devine ici l'amorce d'un cercle terriblement vicieux.

D'autant plus vicieux que certains physiciens théoriciens avancent que l'on pourrait même se passer de l'idée de temps, au motif qu'on n'en trouverait pas d'écho dans les équations les plus fondamentales, ou bien qu'il ne serait qu'une propriété « émergente », c'est-à-dire déductible, à partir d'une certaine échelle spatiale, d'un monde caché où il n'existerait pas[1]. Après tout, pourquoi pas ? Encore faut-il s'assurer que le temps, même si de nouvelles équations semblent l'avoir fait disparaître, ne s'est pas réfugié ailleurs, n'a pas pris un masque, ne s'est pas glissé sous d'autres oripeaux, tels ceux de « variable dynamique », de « causalité » ou de « relation d'ordre entre événements ». Bref, pour pouvoir certifier que le temps s'est bel et bien évaporé dans les nuées, il faudrait d'abord dire précisément quelle est cette « chose » qu'on appelle le temps et dont on assure qu'elle a pris la tangente de la réalité, et également expliquer comment notre esprit a pu créer semblable fiction, croire à pareil fantôme...

Mais si l'on choisit de ne pas tenir compte de toutes ces difficultés, c'est-à-dire si l'on décide d'admettre que le temps des physiciens est, sinon le vrai temps, du moins un temps plus authentique que les autres, un temps plus en contact avec la réalité du monde, alors les formalismes de la physique peuvent devenir une base théorique depuis laquelle il est possible de procéder à

1. Voir par exemple le livre de Carlo Rovelli, *Et si le temps n'existait pas ?*, Paris, Dunod, 2014.

une critique du langage, voire de contester certaines de nos façons de dire et de penser.

Un exemple ? Les équations de la physique remettent en cause le lien systématique que nous faisons entre temps et devenir. Du moins ses formalismes opèrent-ils une distinction nette et franche entre le *cours du temps* et la *flèche du temps*.

Le cours du temps est ce qui permet d'établir un écart, une distance, entre les instants du passé et ceux du futur : dans le temps, demain n'est pas situé à la même place qu'hier ; ils sont séparés l'un de l'autre par une certaine durée. La flèche du temps, quant à elle, est la manifestation du devenir, son inscription dans la dynamique apparente des phénomènes. Elle exprime le fait que certains systèmes physiques évoluent de façon irréversible : ils ne retrouveront jamais dans le futur les états qu'ils ont connus dans le passé. Elle fait lointainement écho à la doctrine du mélancolique Héraclite d'Éphèse, selon laquelle le devenir est premier par rapport à l'Être, et l'identité une illusion : les choses que nous voyons autour de nous ne seraient pas vraiment des choses, mais plutôt des processus ou des histoires dont le cours est irrémédiablement irréversible, de sorte qu'aucune situation ne peut se répéter à l'identique. Pour le dire avec les mots de Sylvain Tesson, « on ne se baigne jamais deux fois dans la lecture d'un fragment d'Héraclite[1] ».

Le cours du temps et le devenir sont non seulement distingués l'un de l'autre dans le cadre de la physique

1. Sylvain Tesson, *Une très légère oscillation, Journal 2014-2017*, Paris, Les Équateurs, 2017, p. 151. La fameuse phrase d'Héraclite a, quant à elle, une bien belle anagramme : *On ne se baigne jamais deux fois dans le même fleuve = La vague sans fin modifiée emmène nos jeux de sable* (Raphaël Enthoven, Jacques Perry-Salkow, *Anagrammes pour lire dans les pensées*, Arles, Actes Sud, 2016, p. 143).

conventionnelle, mais aussi presque opposés l'un à l'autre. Car le cours du temps peut être considéré, dans une certaine mesure, comme ce qui se soustrait à toute forme d'évolution, puisque, étant homogène, tous ses instants ont exactement le même statut physique. En définitive, le temps semble pouvoir exister sans le changement.

Lorsqu'elle est présente, la flèche du temps advient *de surcroît*, en habillant le cours du temps, irréversible par essence, de phénomènes eux aussi irréversibles. Cette irréversibilité des phénomènes a longtemps semblé contredire les équations fondamentales de la physique, car celles-ci sont toutes « réversibles », c'est-à-dire ne changent pas de forme lorsqu'on renverse sur le papier le sens d'écoulement du temps (au lieu d'aller du passé vers le futur, il va du futur vers le passé[1]). Mais tout en restant dans le cadre de ces équations, les physiciens ont fini par identifier, non sans difficultés, de possibles explications de la flèche du temps[2] : toutes présupposent l'existence préalable d'un cours du temps établi, au sein duquel des phénomènes temporellement orientés, c'est-à-dire ne pouvant se

1. Les équations fondamentales de la physique sont « réversibles » au sens où le sens d'écoulement du temps est pour elles arbitraire : tout ce qu'elles permettent de faire, elles permettent également de le défaire. Prises à la lettre, elles ne donnent donc aucun corps à l'idée de « flèche du temps ».

2. Parmi les principales, citons :

– *Le second principe de la thermodynamique*, c'est-à-dire la croissance de l'entropie, au cours du temps, pour les systèmes isolés.

– *L'opération de mesure en physique quantique*, qui est en général interprétée comme un processus temporellement asymétrique.

– *L'expansion de l'univers*, qui rendrait impossible tout retour d'un système à un état qu'il a connu antérieurement du fait que l'univers lui-même a évolué.

produire dans les deux sens, viennent prendre place ; une fois accomplis, il est impossible d'annuler les effets qu'ils ont produits.

L'efficacité opératoire de la physique, ses succès expérimentaux et ses facultés de prédiction sont devenus si impressionnants qu'on est en droit de considérer que cette distinction qu'elle établit entre temps et devenir, ou, pour parler comme Francis Wolff, entre « temps-série » et « temps-devenir »[1], constitue une découverte philosophique négative de première importance : elle touche à la philosophie même, et devrait aller jusqu'à affecter le sens des expressions que nous employons pour dire notre expérience du temps.

Par exemple, nous devrions ne pas trop prendre aux mots les marchands de crèmes prétendument « rajeunissantes », ni les chirurgiens qui tirent la peau des dames dans tous les sens (et aussi celles des messieurs), lorsqu'ils prétendent pouvoir changer l'âge d'une personne sans changer celle-ci d'époque, par une sorte de voyage immobile dans le temps. Pourquoi ? Parce que le fait de modifier l'âge apparent d'un visage relève d'un petit jeu avec la flèche du temps qui reste sans effet sur le cours du temps, aucune opération chirurgicale ni aucun onguent n'étant encore parvenu à changer la moindre date de naissance, fût-ce d'une seule nanoseconde…

Cette distinction qu'opère la physique entre cours du temps et flèche du temps peut sembler bien abstraite, mais il est possible de l'illustrer plus concrètement grâce à l'œuvre de Roman Opalka, dont la peu banale amorce mérite d'être racontée.

1. Francis Wolff, « Le temps passe-t-il ? », *L'Animal*, 13, hiver 2002, p. 98.

Un après-midi de 1965, Halszka, la compagne de l'artiste, était arrivée très en retard à l'un de leurs rendez-vous dans un café de Varsovie. La longue attente mêlée d'inquiétude avait provoqué chez lui une interrogation angoissée sur la fuite du temps, qui révolutionna son travail créatif : entre ce jour décisif et sa mort en 2011, Roman Opalka a tracé, jour après jour pendant quarante-six ans, avec une incroyable opiniâtreté et (paraît-il) sans jamais s'ennuyer, la suite des nombres entiers, sur des toiles noires au format 196 × 135 cm, avec une peinture « blanc de titane ». Selon ses propres mots, « il s'agissait d'aller à pied jusqu'à la fin du monde ». Et, chaque fois qu'une toile finissait par être saturée de chiffres, il s'est photographié lui-même, en noir et blanc.

La succession des nombres qu'il a ainsi tracés matérialise le cours irréversible du temps, dont la nature ne change pas à mesure qu'il passe : chaque nombre écrit est certes inédit (de même que tout instant présent est radicalement neuf), mais il s'obtient toujours de la même façon, selon le même simple protocole, en ajoutant une unité au nombre précédent. Quant aux photographies que Roman Opalka a prises régulièrement de lui-même dans des conditions invariables, avec un visage parfaitement impassible mais de plus en plus émacié, elles expriment la lente succession des changements qui ont affecté son corps, c'est-à-dire l'irréversibilité de son propre devenir. Sont donc mises en scène deux réalités bien distinctes : *d'une part*, le cours du temps représenté par la succession des nombres et l'accumulation des toiles ; *d'autre part*, le devenir illustré par la suite des portraits d'un même être changeant. Cette double représentation (la première qui *compte*, la seconde qui *raconte*) suffit à démontrer que ces deux sortes d'irréversibilités, que nous voyons toujours se combiner et agir de conserve dans la vie courante au point qu'elles nous semblent indiscernables, peuvent en réalité être séparées, ainsi que la physique le suggère, en réalité l'impose[1].

La messe du temps est-elle dite pour autant ? Non, pour au moins une raison : la structuration mathématique du temps physique donnant à chaque instant une nature équivalente à celle de tous les autres, il reste à comprendre la singularité qu'a, pour chacun d'entre nous, l'instant présent particulier qu'il est en train de vivre : au sein de la ligne du temps, le présent nous apparaît unique, radicalement différent de tous les autres instants, puisqu'il est celui où nous sommes... présents. Un instant n'est d'ailleurs qualifié de « présent » qu'en référence à nous : la seule chose qui le distingue des autres instants tient à ce que lui seul accueille *notre* présence. Pourtant, sur la ligne qui représente le temps physique, c'est un instant parfaitement banal : rien ne semble le distinguer des instants qui le précèdent ni de ceux qui le suivent, si ce n'est que nous y sommes... présents. De prime abord, la mathématisation du temps semble donc banaliser le présent en lui ôtant toute spécificité par rapport aux autres instants : par définition, tout instant du temps est, a été ou sera présent. Une question se pose donc : par quoi l'instant

1. En 1972, lorsqu'il arriva au million (ce qui provoqua en lui une très forte émotion), Roman Opalka modifia la règle qu'il s'était fixée au départ : il décida d'éclaircir le noir qui recouvrait la surface de chaque tableau avec du blanc, dans la proportion de 1 % de blanc supplémentaire pour chaque nouvelle toile, de sorte qu'au fil du temps, le contraste entre les chiffres blancs et le fond devint de plus en plus faible. C'est ainsi qu'à partir du million, son œuvre mélangea le cours du temps et la flèche du temps, qui étaient jusqu'alors parfaitement distingués. Peut-être s'agissait-il de la rapprocher de la vie même ?

présent, physiquement si quelconque, devient-il pour nous si singulier ? Sa particularité vient-elle de nous ou lui est-elle intrinsèque ? En d'autres termes, existe-t-il *un présent du monde*, qui aurait le tranchant d'un pur éclat, ou bien ce que nous appelons le présent ne fait-il que marquer au sein de l'espace-temps *notre présence au monde* ?

À la fin de sa vie, Einstein se disait lui-même troublé par ce problème du « statut du présent ». Sa théorie de la relativité stipule d'abord que ce qui nous est présent à un certain instant n'existe plus ou pas encore pour un observateur en déplacement par rapport à nous : il devient donc impossible de définir un « instant présent » où se manifesteraient tous les phénomènes se produisant au même moment dans tout l'univers. Elle peine ensuite à rendre compte de la « présence du présent », ni n'explique ce que l'instant présent peut avoir de si spécial par rapport aux autres moments du temps.

Dans son *Autobiographie intellectuelle*, le philosophe Rudolf Carnap rapportait à ce propos une anecdote éclairante :

> *Un jour, Einstein me dit que le problème du présent le tracassait sérieusement. Il m'expliqua que l'expérience du présent a pour l'homme une signification spéciale qui la différencie radicalement de celle du passé et du futur, mais que cette différence ne peut être mise en évidence au sein de la physique. Que cette expérience ne puisse être prise en charge par la science lui semblait aussi navrant qu'inévitable. Je lui fis remarquer que tout ce qui a objectivement lieu devrait pouvoir être décrit par la science : d'un côté, la succession temporelle des événements peut être décrite par la physique ; de l'autre, l'expérience particulière que l'homme a du temps, y compris ses appréhensions différentes du*

passé, du présent et du futur, peut être décrite et (en principe) expliquée par la psychologie. Mais Einstein pensait que les descriptions scientifiques ne sont pas faites pour combler nos attentes d'êtres humains ; qu'il y a quelque chose d'essentiel à propos du présent qui demeure hors du domaine de la science.[1]

La physique pourra-t-elle, à elle seule, venir à bout de ce problème ? Résoudra-t-elle dans le futur la question du présent posée par son passé ? Si oui, cela signifie qu'il lui manque encore quelque chose, qu'elle est donc incomplète, puisqu'elle n'est pas encore capable de décrire, en termes exclusivement physiques, l'intégralité de notre expérience du temps. Mais si le cours du temps est au contraire dépendant de notre subjectivité, en quelque façon, si la conscience que nous en avons joue vraiment un rôle dans sa dynamique, c'est qu'il s'agit d'une propriété qui dépasse le champ de la physique. À quelles autres disciplines devrait-on faire appel pour aller plus loin ? Aux sciences cognitives ? Aux neurosciences ? À la philosophie ? Ou à une autre encore ?

Comme on le voit, l'ensemble des possibilités qui s'offrent aux chercheurs est loin d'être vide.

« Vide » ? Mais au fait, qu'est-ce que cela peut bien vouloir dire, « vide » ? Ce mot a-t-il à voir avec le rien, l'absence de toute chose, ou avec quelque entité bien réelle, mais d'un genre un peu spécial ?

1. Rudolf Carnap, « Intellectual Autobiography », in *The Philosophy of Rudolf Carnap*, Paul Arthur Schilpp (éd.), La Salle, Illinois, Open court, 1963.

De quoi le vide est-il plein ?

Les cigarillos ont l'avantage
de faire le vide autour de moi.
Serge Gainsbourg

Je pense souvent au célèbre
confusionnisme français :
mon père est maire de Mamers
et mon frère est masseur.
Romain Gary

À l'évidence, la vie du vide est une vie dense et, paradoxalement, une vie pleine.

Au moins d'aventures, de détours et d'allers-retours.

Chacun d'entre nous a lu ou entendu ou répété cette formule, « La nature a horreur du vide », qu'on attribue souvent à Roger Bacon, ce moine philosophe du XIIIe siècle qui était surnommé *Doctor Mirabilis*[1] (ou, si l'on préfère dire les choses telles qu'elles furent vraiment écrites, « *Natura abhorret vacuum* », ce qui a, il faut le concéder, une tout autre allure).

1. En réalité, cette formule pourrait être aussi attribuée à de multiples autres auteurs, tant elle est ancienne et fut plagiée.

Cette courte phrase, qui semble conférer à Dame Nature des émotions et des réactions proprement humaines, persiste à faire référence et autorité : on s'en sert en de multiples occasions, y compris pour évoquer un glouton ou un ivrogne éprouvant, par définition, quelque difficulté à tolérer que la moindre parcelle de vide s'installe en lui ! À certaines époques, elle fut prise si au sérieux qu'on alla jusqu'à la métaboliser en l'équivalent d'un principe d'explication physique. Elle a par exemple conduit à envisager la prétendue répulsion du monde naturel pour la pure vacuité comme une véritable force capable d'agir sur les objets : ainsi, au Moyen Âge, on croyait – à tort – que l'eau, comme tous les autres corps, se contracte quand elle devient solide, autrement dit que la glace occupe moins de volume que l'eau liquide (alors que c'est l'inverse qui est vrai : les glaçons flottent dans nos verres et les icebergs sur les mers) ; on interprétait alors le fait qu'une bouteille d'eau se casse sous l'effet du gel en affirmant que la nature préférait briser la bouteille plutôt que de laisser du vide – *horresco referens* ! – se former à l'intérieur… Immanquablement, on pense là à la jolie formule de Gaston Bachelard, qui exprime poétiquement à peu près la même idée, celle d'un vide à la fois envahissant et destructeur : « Le vide est comme un facteur d'anéantissement apportant dans toute substance la contagion de son néant[1]. »

Aidés par le rappel de cette anecdote, nous pressentons que le concept de vide pourrait bien être le couteau suisse des sciences de la nature : protéiforme, invocable

1. Gaston Bachelard, *Les Intuitions atomistiques*, *Essai de classification*, préface de Daniel Parrochia, Paris, Vrin, 2016 (première édition 1933), p. 36.

autant que de besoin, engageable en toutes sortes de théorisations plus ou moins bien maîtrisées, sans qu'on n'ait toujours besoin de préciser son statut exact, ni même de le définir.

Il faut dire qu'on l'accole à tant d'images contradictoires que ce qu'il représente n'apparaît pas d'une limpide clarté. Le vide est un théâtre d'ombres, sans visage ni forme, un réceptacle obscur pour d'étranges spectres. Il suscite l'horreur, disions-nous, mais aussi l'angoisse, car il évoque l'ennui ou carrément la mort, mais aussi l'attrait : emportés par les turbulences du quotidien, ne désirons-nous pas régulièrement prendre le temps de « faire le vide », nous volatiliser, fuir le trop de tout ?

Pour ne rien arranger à son intelligibilité, une sorte de déchirement ontologique lui colle à la peau : tantôt en parlons-nous comme s'il se confondait avec le néant, comme s'il était même une « réification du néant », tantôt comme s'il était une « déréalisation de l'être », c'est-à-dire quelque chose qui serait à la fois pleinement existant et dépourvu de toute substantialité. Le vide est ainsi mis en ballottage existentiel, telle « une présence raréfiée jusqu'à l'absence[1] » : un pied dans la réalité, l'autre ailleurs, on ne sait où, peut-être dans le non-être.

Est-il possible de mettre de l'ordre dans cette ambivalence du vide, d'enfin le fixer en lieu sûr, d'interrompre une bonne fois pour toutes ce drôle de flottement qui le caractérise ?

Parce qu'elle se confond presque avec celle de la physique tout entière, l'histoire de la pensée du vide devrait nous y aider.

1. Vladimir Jankélévitch, *L'Aventure, l'Ennui, le Sérieux*, Paris, Champs-Flammarion, 2017, p. 189.

Il est de tradition philosophique de faire débuter cette histoire avec Parménide (544-460 av. J.-C.), même s'il ne s'agit probablement pas de son véritable commencement, et même si la question du vide a pu être discutée dans bien d'autres civilisations que la grecque[1]. Parménide est ce philosophe d'Élée qui a été « saisi par le frisson glacial de l'abstraction » comme dira Nietzsche, car on lui doit la première formulation de la question de l'Être à partir de celle, plus classique en son temps (et surtout plus concrète) de l'Un et du multiple. Comment Parménide définit-il l'Être ? Par la parfaite identité à soi-même : est ce qui est parfaitement un. Cette conception le conduisit à ses assertions les plus célèbres : « L'Être est, le non-être n'est pas[2] » ; « Non, jamais tu ne plieras de force les non-étants à être[3] ». Son argument principal était brutal, simple à énoncer : « On ne peut connaître ce qui n'est pas, ni même l'énoncer, car ce qui peut être pensé et ce qui peut exister sont une seule et même chose[4]. »

Avec des principes de cet ordre, Parménide ne pouvait que nier l'existence du vide, qu'il assimilait à du non-être, à du néant, c'est-à-dire, selon lui, à de l'*impensable* (ce qui pose tout de même la question de savoir comment il a pu y penser, mais nous n'ergoterons pas ici).

Lorsqu'on la prolonge, on aperçoit que cette assertion exprime quelque chose de très profond, à savoir

1. Contrairement à ce que l'on raconte souvent, l'atomisme, qui sollicite explicitement le vide, n'a pas été l'apanage des Grecs : il a existé un atomisme arabe, un atomisme indien, un atomisme chinois… (voir Bernard Pullman, *L'Atome dans l'histoire de la pensée humaine*, Paris, Fayard, 1995).

2. Parménide, in *Les Présocratiques*, Paris, Gallimard, coll. « Bibliothèque de la Pléiade », 1988, p. 243.

3. *Ibid.*, p. 250.

4. *Ibid.*, p. 258.

que l'idée de néant est une épreuve pour l'intellect, une provocation qui donne à entendre l'incurable impuissance du *logos*, c'est-à-dire de l'imbrication du langage et de la raison. Comment cela ? Dès que nous tentons d'imaginer le néant, nous lui attribuons aussitôt des propriétés, nous en formons une représentation, bref nous en faisons irrévocablement « quelque chose », qu'il ne saurait être puisque le néant est justement l'absence de tout élément de réalité. Autrement dit, Parménide découvrait là une sorte de vérité métaphysique : nous ne parvenons à penser l'absence d'une chose que par la représentation de quelque autre chose. Penser ou imaginer le néant, c'est donc toujours le transformer, par un tour de passe-passe inconscient, en autre chose que lui-même. Dans *Les Deux Sources de la morale et de la religion*, Henri Bergson faisait remarquer que, dans notre esprit, *abolition* signifie d'abord *substitution* : « L'idée d'une abolition de tout, explique-t-il, est donc destructrice d'elle-même, inconcevable, c'est une pseudo-idée, un mirage de représentation. » En effet, dès qu'elle germe en notre esprit, le mouvement de notre pensée la substantifie en transformant le néant en question en une sorte de vide auquel il attribue, l'air de… rien, un corps, une matérialité, que le néant ne saurait posséder sans contredire sa propre définition[1]. Tel est le paradoxe existentiel du néant : penser « le rien » n'est jamais penser « à rien ».

En conséquence, le néant ne demeure matière à penser que tant que l'on n'y pense pas, puisqu'il devient matière dès qu'on y pense…

1. Pour son *Sonnet allégorique de lui-même*, Mallarmé inventa le mot « Ptyx », qui ne désigne rien, ou qui est plus précisément « le seul objet dont le Néant s'honore »…

Ainsi, lorsque, dans un entretien, Michel Houellebecq explique que « concrètement, dans la vie, je m'en sors assez bien avec le néant[1] », c'est non du néant même qu'il parle, mais de l'une de ses multiples figurations : le désespoir, peut-être, ou bien le sentiment de l'absurde, la perte de sens, le manque, la vacuité lancinante de toute existence humaine...

Dans *L'Être et le Néant*, Jean-Paul Sartre expliquait que « le néant hante l'être ». On peut se demander si ce n'est pas plutôt l'inverse qui se produit : en notre esprit, c'est bien l'être qui colonise et contamine l'idée de néant en le peuplant aussitôt de divers *étants*...

Mais revenons à Parménide, plus de deux millénaires et demi en arrière. Le philosophe d'Élée rejetait non seulement le vide, mais aussi – en bloc – le changement, le devenir et le mouvement, au motif que toute évolution, toute transformation, tout déplacement brise l'identité de l'être avec lui-même en le mettant en relation avec l'ailleurs ou l'autre de lui-même, c'est-à-dire avec son « non-être », supposé ne pas exister...

Cette façon radicale de refuser le néant et, avec lui, toute idée de mobilité existentielle paraîtra toutefois exagérée à certains des successeurs de Parménide, qui noteront que le non-être ne peut être écarté qu'au prix d'un raisonnement bâtard, plus exactement en faisant une concession pour le moins étrange : affirmer que le néant *est* le néant, c'est lui donner le statut d'un sujet du verbe être, c'est donc le « faire être » en tant que non-être, et ainsi lui accorder une sorte de promotion ontologique, de grade existentiel, ce qui contredit frontalement le postulat parménidien. C'est d'ailleurs sur

1. Michel Houellebecq, *En toutes lettres (abécédaire houellebecquien)*, Cahier de L'Herne n° 117, 2017, p. 177.

cette subtilité logique que Platon fondera son acte parricide à l'égard de Parménide : il transgressera l'affirmation du « père de la philosophie » en affirmant qu'il existe une modalité du non-être qui peut s'actualiser sous certaines formes, par exemple dans l'image d'une chose (qui n'est jamais la chose même), ou bien dans le simulacre, dans l'erreur, ou encore dans la notion de négation.

On songe là à Paul Valéry, qui remarqua que les Grecs se sont émerveillés devant « ce verbe nul et mystérieux, ce verbe ÊTRE qui a fait une si grande carrière dans le vide[1] ».

On note également au passage (à vide) que cette histoire du néant a sa petite morale portative : on ne se débarrasse pas si aisément de concepts qui ont été évoqués, mis en scène et pensés avec l'intention initiale de démontrer qu'ils ne correspondaient à rien qui soit réel ; une fois lâchés dans le champ des idées, tel le sparadrap du Capitaine Haddock, ils s'accrochent partout où ils peuvent, font de la résistance et ne se laissent pas si facilement éliminer.

Bien sûr, évoquant le vide, plus exactement les divers vides plus ou moins pleins de l'Antiquité, nous ne pouvons guère passer sous silence la doctrine des premiers atomistes, pour lesquels « il n'y a que des atomes et du vide ». Leucippe, Démocrite, Épicure et puis, plus tard, Lucrèce ont fait de ce postulat le fondement de leur conception du monde : « Le vide n'existe pas moins que les corps. » Ce vide, leur vide, est à la fois incorporel[2]

1. Paul Valéry, « Léonard et les philosophes », in *Variété III*, Paris, Gallimard, 1936, p. 174.

2. Les atomistes de l'Antiquité sont en général considérés comme des matérialistes purs et durs, alors même que, curieusement, ils furent

et illimité, et les atomes (qui ne contiennent rien d'autre que leur propre substance, pas même… du vide) se déplacent en son sein.

Les atomistes justifiaient l'existence du vide par le fait qu'il est la condition de possibilité du mouvement : comment un corps pourrait-il se déplacer ailleurs que là où il se trouve si cet ailleurs n'était pas vide ? Ainsi Épicure écrivit-il au IVe siècle av. J.-C : « Si ce que nous appelons vide n'existait pas, les corps ne sauraient où se tenir, ni où se mouvoir, alors qu'ils le font de manière évidente. » Le vide dont il est ici question se définit comme une extension pure, un simple réceptacle capable d'accueillir les corps matériels et de supporter leurs déplacements.

Aristote contestera cette conception avec des arguments qui feront pendant longtemps autorité. Le Stagirite considérait qu'un mouvement ne perdure que tant qu'agissent les forces qui s'exercent sur le mobile. Ainsi, si la pierre qui vient de quitter ma main poursuit son mouvement, c'est parce que l'air qu'elle déplace vient se glisser derrière elle pour la propulser. En d'autres termes, à rebours de ce que croyaient les atomistes, la présence d'un certain milieu apparaît nécessaire à l'apparition et à la perpétuation du mouvement, qui seraient toutes deux impossibles dans le vide.

En sus de l'horreur qu'elle lui inspirait, Aristote avait sous le coude bien d'autres arguments à opposer à l'existence du vide[1]. Par exemple, selon lui, tout espace

---

les premiers à envisager qu'une chose puisse être réelle sans être un corps…

1. Voir le texte de Philippe Soulier, « Non-être ou espace ? La querelle antique du vide », in *L'Exercice de la pluralité des mondes*, sous la direction de Sylvie Nony et Alain Sarrieau, Toulouse, Adapt/Snes, 2017, p. 11-28.

doté d'une extension constitue un corps à part entière. Un espace vide, par le fait qu'il a une certaine dimension, constituerait donc lui aussi un corps. Dès lors, si un objet matériel venait à occuper cet espace, il en résulterait que deux corps différents se trouveraient au même endroit, ce qui est absurde.

Au prix d'une légère capillo-traction, pareil raisonnement fait lointainement penser au principe d'exclusion de la physique quantique, énoncé en 1925 par Wolfgang Pauli, selon lequel deux particules telles que des électrons ne peuvent pas se trouver en même temps au même endroit dans le même état quantique. Même s'il faut se garder de rétroprojeter dans les périodes passées les connaissances qui n'ont été acquises qu'après elles[1], même s'il faut éviter toute lecture à rebours qui pourrait inverser de façon insidieuse l'ordre des filiations, il est tout de même bien tentant de dire qu'il en constitue la préfiguration antique !

Un argument supplémentaire d'Aristote contre le vide provient de ce que, celui-ci n'opposant aucune résistance au mouvement, les mouvements en son sein devraient s'effectuer instantanément, c'est-à-dire de manière infiniment rapide, ce qui est impossible aux yeux du Stagirite puisque, selon lui, l'infini *en acte* ne peut exister… Cette fois, c'est l'existence d'une vitesse

1. Pour parler comme Henri Bergson, notre entendement a la fâcheuse tendance d'imprimer à toute affirmation qu'il croit vraie un « mouvement rétrograde » qui la projette dans le passé : « Par le seul fait de s'accomplir, écrit l'auteur de *La Pensée et le Mouvant*, la réalité projette derrière elle son ombre dans le passé indéfiniment lointain ; elle paraît ainsi avoir préexisté, sous forme de possible, à sa propre réalisation. De là une erreur qui vicie notre conception du passé ; de là notre prétention d'anticiper en toute occasion l'avenir. » (Henri Bergson, *La Pensée et le Mouvant* [1934], Paris, PUF, coll. « Quadrige », 2009, p. 18.)

limite, impliquée par la théorie de la relativité restreinte, qui semble s'être annoncée avec plus de deux millénaires d'avance (il est impossible pour une particule ou n'importe quel objet, disent les équations d'Einstein, d'avoir une vitesse qui dépasse celle de la lumière dans le vide). Mais là encore, prudence, et même retenue : à rechercher dans le passé des précurseurs, nous risquons d'en faire nos fils tout en croyant qu'ils sont nos pères.

Mais il est temps d'en venir à la physique proprement dite, pour autant qu'on puisse là l'isoler de la philosophie, sa compagne initiale. Tout au long de son histoire, celle-ci a évoqué le vide sous des formes diverses et dans des contextes très différents : soit parce qu'il était à ses yeux impossible qu'il existât, soit parce qu'il était au contraire absolument nécessaire ; soit parce qu'il était un problème, soit parce qu'il était la solution. Elle l'a conçu tantôt comme un certain milieu, un *medium* aux propriétés particulières, tantôt comme un certain substrat, plus ou moins fantomatique, permettant d'expliquer tel ou tel phénomène. Par exemple, lorsqu'elle s'est intéressée à la cinématique, c'est-à-dire au repérage des objets et à leurs mouvements, le vide s'est tout simplement confondu avec l'espace au sens où nous l'entendons aujourd'hui. Mais quand elle a parlé d'interaction ou de propagation de telle ou telle entité physique au travers de l'espace, le mot utilisé était plutôt celui d'*éther*, envisagé comme une sorte de matière subtile associée au vide, ce qui sonne déjà comme un paradoxe.

Cet éther-là n'avait rien à voir avec celui que l'on respire, pas plus qu'il ne ressemblait à celui d'Aristote : il avait plutôt un rôle de support de certains phénomènes. Dans le cas de la propagation de la lumière, par exemple, il était dit « luminifère », c'est-à-dire « porteur de la lumière ». Son existence avait été jugée nécessaire au XIXe siècle à cause du statut ondulatoire de la lumière : à cette époque, une onde était systématiquement considérée comme un phénomène qui progresse en faisant vibrer quelque chose du milieu dans lequel il se propage. Ainsi, au passage d'une vague, phénomène ondulatoire s'il en est, c'est l'eau qui vibre (plus exactement la surface de l'eau), permettant à la vague qu'elle porte de se propager. Dans le cas de la lumière, pensaient les savants, ce qui vibre à son passage, c'est un certain milieu, l'éther luminifère, dont ils supposaient qu'il emplissait tout l'espace. Mais en 1905, prenant acte des contradictions qui étaient apparues autour du statut de ce substrat (l'éther devait être « absolument immobile » alors même que le principe de relativité implique qu'aucun référentiel ne puisse avoir cette propriété), Albert Einstein finira par décréter qu'il n'existe tout simplement pas. Cette affirmation revenait à considérer que la lumière se propage d'elle-même dans l'espace, sans avoir besoin d'un quelconque support : le vide, se vidant d'un coup, se mua en espace pur (plus exactement en espace-temps), sans qu'aucune matérialité ne lui fût plus associée[1].

Par leur seule diversité, ces exemples autorisent à se demander si le mot « vide » ne serait pas victime, par un effet d'ironie, d'un *trop-plein* de significations : le vide qu'on réalise grâce à une pompe à vide n'a guère en commun avec le néant hindouiste ou la vacuité bouddhiste, ni avec cette autre sorte de vide qu'on fait autour de soi en allumant un cigare, ni avec celui dans

1. Aujourd'hui, certaines théories physiques à l'ébauche vont jusqu'à proposer une sorte de renversement dialectique de cet ordre des choses : elles conçoivent le vide non plus comme la simple incarnation physique de l'espace, mais comme le lieu de création de celui-ci...

lequel, parfois, l'on parle, ni encore avec celui qui effraie l'acrophobe et excite l'alpiniste (dont le corps « est fait pour absorber toutes les possibilités errantes de l'infini du vide[1] », pour parler comme Antonin Artaud).

Le vide est sans conteste un « signifiant flottant », mais cela ne le rend pas pour autant complètement arbitraire. En effet, les diverses notions qu'il recouvre – ou ses diverses appellations – ne peuvent guère être complètement dissociées les unes des autres : elles présentent des propriétés communes qui, mises ensemble, *signifient* le vide en l'installant dans une sorte d'entre-deux, à mi-chemin entre la réalisation du rien et la concrétisation d'une certaine matérialité.

Les disputes à son sujet furent nombreuses et toujours homériques : pour expliquer tel ou tel phénomène physique, les partisans du vide se sont opposés, souvent très vigoureusement, à ceux qui croyaient en l'existence obligatoire d'une certaine « substance » censée empêcher que le vide puisse exister. Mais en réalité, malgré leurs divergences, tous dénommaient de façon différente la même idée : celle, intrinsèquement vague et forcément floue, de vide au sens le plus général du terme. C'est pourquoi le physicien Marc Lachièze-Rey a pu faire remarquer que penser le vide exige d'examiner ensemble ce qu'il appelle ses différents « avatars »[2].

1. « Le corps humain est une pile électrique chez qui on a châtré et refoulé les décharges, dont on a orienté la vie sexuelle, les capacités et les accents, alors qu'il est fait justement pour absorber par ses déplacements photovoltaïques toutes les possibilités errantes de l'infini du vide. [...] Faites danser enfin l'anatomie humaine de haut en bas et de bas en haut. » (Antonin Artaud, « Le Théâtre de la Cruauté », n° 5-6, *Revue 84*, Paris, Gallimard, 1948.)

2. Marc Lachièze-Rey, *Les Avatars du vide*, Le Pommier, Paris, 2005. Preuve que la physique et la philosophie se parlent au moins à distance,

Cet impératif demeure valide bien sûr pour la physique d'aujourd'hui, et même surtout pour elle : en effet, le vide quantique, l'énergie noire[1], la constance cosmologique[2], ou encore le champ scalaire de Higgs[3] qu'elle incorpore dans ses formalismes les plus contemporains ne sont-ils pas autant d'avatars contemporains de la vieille idée de vide ?

Il y eut les *Métamorphoses* d'Ovide. Voici venues celles du vide.

Malgré ce large spectre de possibilités, l'idée naïve de vide continue d'être associée à celle d'espace vide, « avec rien à l'intérieur », c'est-à-dire à une substance rigide, statique, ne contenant aucune sorte d'objet[4]. Cette réduction peut toutefois être contestée par l'observation suivante : le statut que la physique accorde à l'espace n'est pas le même dans toutes ses théories. Par exemple, tout comme la mécanique de Newton,

---

le philosophe Heinz Wismann a publié un ouvrage portant le même titre (Heinz Wismann, *Les Avatars du vide, Démocrite et les fondements de l'atomisme*, Paris, Hermann, 2010) : il y développe la thèse, appuyée par des arguments philosophiques et philologiques, selon laquelle Démocrite n'est pas un matérialiste au sens ordinaire du terme : ses atomes ne sont pas des corps, mais des « idées ».

1. On désigne par ce terme le moteur de l'accélération de l'expansion de l'univers, mise en évidence en 1998.

2. Introduite par Einstein en 1917, cette constante pourrait correspondre à une sorte d'anti-gravité par laquelle l'espace s'étirerait en se repoussant lui-même…

3. Le champ scalaire de Higgs est un champ quantique qui associe un nombre (un scalaire) à chaque point de l'espace-temps : en interagissant avec lui, les particules élémentaires acquièrent une inertie correspondant à leur masse (voir le chapitre « Les leçons philosophiques d'un petit boson »).

4. À leur façon, les mathématiques donnent elles aussi corps à cette idée : l'ensemble qu'on dit « vide » ne contient certes aucun élément, mais il n'en constitue pas moins un ensemble…

la physique quantique met en scène une conception « substantialiste » de l'espace : ce dernier est décrit comme un ensemble de points possédant des propriétés fixes et prédéterminées (par exemple, la distance d'un point à n'importe quel autre est bien définie en toutes circonstances, sans qu'il y ait besoin de prendre en compte le contenu matériel de l'univers). La théorie de la relativité restreinte fait de même avec l'espace-temps (qui n'est plus, par définition et par construction, seulement l'espace) : celui-ci y est considéré comme un *donné* qui constitue le *background* (l'« arrière-fond ») de l'univers, dont la structure est indépendante des événements qui s'y produisent. Dans toutes ces théories, le contenant (l'espace-temps) qui est mis en scène ne réagit pas à ce qui arrive à son contenu, c'est-à-dire aux phénomènes affectant les objets, de quelque nature qu'ils soient. On pourrait donc dire que, pour elles, quoi qu'il se produise dans l'espace-temps, celui-ci reste de marbre.

Mais de telles conceptions ne peuvent pas être considérées comme universelles. En particulier, elles ne sont guère compatibles avec ce qu'implique la théorie de la relativité générale. Cette théorie einsteinienne de la gravitation, élaborée en 1915, met en scène une structure non pas substantielle, mais plutôt « relationnelle » de l'espace-temps : les relations spatiales ne sont plus considérées comme existant *a priori* au sein d'une substance particulière qui serait l'espace-temps, puisque la géométrie de l'espace-temps n'est ni fixe ni préalablement déterminée ; elle obéit à des équations dynamiques (celles d'Einstein) qui la font dépendre directement des quantités de matière et de rayonnement présentes dans l'univers. La géométrie de l'espace-temps apparaît non plus comme une architecture qui serait posée d'emblée, en amont des calculs, mais comme une authentique variable de la théorie, ou l'un de ses produits dérivés.

Dans ce cadre, on ne peut plus invoquer une distinction radicale qui permettrait de penser séparément l'espace-temps et les objets qu'il contient, puisque l'espace-temps lui-même est soumis aux lois physiques contenues dans la théorie d'Einstein. La notion d'espace-temps vide, au sens de scène qui existerait telle quelle même si rien ne s'y déroulait, n'a plus cours ici :

> *Sans potentiels de gravitation,* écrit Einstein, *il n'y a ni espace ni portion d'espace ; ce sont en effet ces potentiels qui confèrent à l'espace ses propriétés métriques, propriétés sans lesquelles l'espace est tout simplement impensable. L'existence d'un champ de gravitation et celle de l'espace sont intimement liées*[1].

En identifiant l'espace au champ de gravitation, cette conception transforme jusqu'au statut même de la physique : celle-ci devient en effet, comme le notera Hermann Weil, « une géométrie véritable, une doctrine de l'espace lui-même, et non pas seulement comme la géométrie d'Euclide et presque tout ce que l'on a coutume d'appeler géométrie, une doctrine des formes possibles dans l'espace[2] ».

Pour bien faire comprendre le sens de cette phrase, nous devrions ajouter que la théorie de la relativité générale fait appel à un « tenseur métrique » qui permet de calculer les longueurs, les durées et les angles. Le point crucial est que ce tenseur, qui dépend des

1. Albert Einstein, *Œuvres choisies d'Albert Einstein*, vol. 5, *L'Éther et la Théorie de la relativité*, Paris, Seuil-CNRS, 1989-1993, p. 87.

2. Hermann Weyl, *Temps, espace, matière*, trad. Gustave Juvet et Robert Leroy, Paris, Librairie Blanchard, 1958, p. 88.

coordonnées d'espace et de temps, ne s'annule nulle part. En conséquence, l'espace-temps apparaît systématiquement non vide au sens où il contient toujours quelque chose, en l'occurrence ce qui détermine et fixe sa géométrie[1].

Mais je vous entends vous dire à vous-même : « Ce monsieur raconte toutes sortes d'histoires à propos du vide, certaines fort compliquées, mais il ne l'a toujours pas précisément défini ! » C'est manifestement vrai. La question est toutefois : comment faire ?

On définit fréquemment le vide comme étant ce qui reste dans un récipient après qu'on en a extrait tout ce que l'on pouvait enlever. Il serait en somme le lieu de l'absolue vacance, de la béance intégrale. Cette conception classique est d'ailleurs celle que nous avons en tête lorsque nous parlons du vide sans trop y penser. Toutefois, il faut bien voir qu'une telle définition est en réalité toute théorique, car même si on réussissait à vider une enceinte de tout l'air qu'elle contient, elle serait encore remplie du rayonnement

1. En réalité, cette manière de conclure est quelque peu problématique, et a d'ailleurs fait l'objet de débats passionnés. Car, contrairement à ce que nous avons trop vite affirmé, il est possible d'envisager, même dans le cadre de la relativité générale, l'existence d'une sorte d'« arrière-fond » à l'espace-temps. En effet, postuler que cela a un sens de parler de la valeur du tenseur métrique en chaque point de l'espace-temps revient à supposer qu'un ensemble de points existe *d'abord*, antérieurement à tout objet physique et sur lequel le tenseur métrique pourra *ensuite* être défini. Cet agglomérat de points en désordre correspond à ce qu'on appelle une « variété nue », car les notions de distance et de durée n'y ont encore aucune signification. Ce n'est qu'à partir du moment où un contenu de l'univers sera explicité que, par la résolution des équations d'Einstein, on pourra déterminer le tenseur métrique correspondant, et, grâce à lui, parler des distances et des durées séparant ces différents points.

électromagnétique émis par ses parois[1]. Le vide ainsi défini ne peut donc exister véritablement, car il est toujours contaminé par quelque entité qui l'empêche d'être tout à fait vide. Il s'agit d'un concept idéal, hors de portée de toute expérience concrète, mais résultant d'une sorte de passage à la limite[2]. Dès lors, le monde réel apparaît comme la superposition de ce vide irréalisable, mais bel et bien présent, et de la totalité des objets qu'il contient. Et le vide, « cette chose au fond des choses[3] », ne peut plus être bêtement considéré comme « le vidé » ou « l'évidé » : quand nous disons que nous avons fait le vide, à la fin de cette prétendue opération, il reste « un vide de », qui est toujours plus que le vide...

« Silencieux silence, tu n'es pas le silence », disait, raconte-t-on, un dénommé Khaïm, ermite de Galilée au IVe siècle après J.-C. « Vide évidé, tu n'es pas le vide », aurait-il pu dire en suivant la même veine.

De plus, si nous persistons à définir le vide comme étant ce qui reste dans un récipient après qu'on en a tout extrait, nous finissons par tomber sur une autre difficulté, logique celle-là : si le vide existe, c'est qu'il n'est pas rien, c'est qu'il est quelque chose de

1. À moins que ces parois soient refroidies au zéro absolu, ce qui exigerait l'absence de tout contact avec un autre objet de température non nulle...

2. Ce vide particulier est celui qu'évoque Galilée à propos des mouvements, notamment lorsqu'il discute de la chute des corps : il énonce en effet que, dans le vide, les corps tombent tous avec la même accélération (comme nous le disons en langage moderne). Il conçoit alors le vide comme un « milieu » dépourvu de toute résistance, une sorte de cas limite.

3. « Mais, Madame, les choses ont-elles un fond ? » répliqua Henri Bergson à une dame lui demandant s'il croyait « être vraiment allé au fond des choses » lors d'une conférence qu'il venait d'achever.

particulier ; mais, curieusement, ce « quelque chose de particulier » qu'il est ne doit pas être enlevé quand on fait le vide sous peine de faire du vide en question un pur néant qu'il ne peut pas être puisqu'on vient de dire qu'il était quelque chose...

En clair, pour faire le vide, il faut tout enlever, absolument tout, sauf le vide...

D'où la question, qui devient fondamentale : que doit-on inclure dans ce « tout » qu'on enlève ? Faut-il considérer, par exemple, que l'espace ne fait pas partie du vide et qu'on peut donc l'enlever ? Ou bien doit-on considérer que l'espace est un élément constitutif du vide ? René Descartes avait fait remarquer que si nous disons d'une cruche contenant de l'air qu'elle est vide, c'est en vertu d'une prétendue cause finale : la cruche a vocation à permettre le stockage et le transport de l'eau, non de l'air...

Reste que pour préciser ce qu'est le « vide » et ce qu'il est possible d'y trouver, il faut pouvoir identifier ce qu'on doit enlever et ce qu'on ne peut extraire. Nous pouvons (en principe) encore ôter l'air que contient la cruche et la laisser subsister en tant que simple contenant « vide ». Si maintenant nous enlevons la cruche, il subsiste encore un lieu, une portion d'espace. Mais où devons-nous arrêter cette entreprise d'exfiltration ? Qu'est-ce qui termine la liste des objets que l'on doit ôter pour réaliser le vide ? Poser cette question, c'est comprendre que le « tout » de la phrase *le vide, c'est ce qui reste après qu'on a tout enlevé* va différer selon qu'on se réfère à telle théorie physique ou à telle autre : c'est seulement à partir des objets auxquels la théorie reconnaît une existence qu'il est possible de définir, par suppression ou élimination de ces objets, tel ou tel type de vide.

Le vide apparaît ainsi comme dépendant directement du mobilier ontologique de la théorie physique que l'on choisit comme référence.

En conséquence, évoquer le vide « en l'air », sans insérer le mot dans un tissu d'arguments, de relations et de raisonnements à propos des entités que l'on considère comme réelles, n'a guère plus de sens que de discuter du sexe des anges : c'est parler *du* vide *dans* le vide.

Par exemple, selon la physique quantique, le vide n'est pas l'espace vide. Il apparaît rempli de ce qu'on pourrait appeler de la matière « fatiguée », constituée de particules bel et bien présentes mais n'existant pas réellement. Ce sont des sortes de fantômes, agités, certes, parkinsoniens même, mais qui ne possèdent pas assez d'énergie pour pouvoir vraiment se matérialiser et qui, de ce fait, ne sont pas directement observables. Ces particules dites « virtuelles » s'ébrouent végétativement dans une ontologie fatiguée, telles des *Belles au bois dormant.* Pour les faire exister vraiment, il faut leur donner l'énergie qui manque à leur pleine incarnation (en gros leur énergie de masse, dirait Einstein, c'est-à-dire mc^2). Le vide lui-même peut jouer en cette affaire le rôle de prince charmant énergétique. De fait, il joue plutôt le rôle d'un banquier impatient, qui accepte de prêter de l'énergie aux particules virtuelles qu'il contient à la stricte condition qu'elles lui restituent très rapidement le montant de l'emprunt. En vertu de ce contrat, des particules virtuelles peuvent surgir du vide quantique en devenant réelles, mais avec l'obligation d'y retourner presque aussitôt pour rembourser leur dette en énergie en… s'annihilant quasiment ! Il est des escapades dans l'existence radicale qui se paient cher.

Heureusement, il y a un autre moyen plus efficace de réveiller les êtres interlopes qui peuplent le vide quantique : il suffit de faire entrer en collision, au-dessus de leur tête, deux particules de haute énergie. Celles-ci offrent alors gratuitement leur énergie au vide et, du coup, certaines particules virtuelles deviennent réelles et s'échappent hors de leur repaire. Elles qui faisaient une petite sieste retrouvent leur vitalité d'antan et s'extraient du vide quantique avec une énergie plus ou moins élevée.

Tout cela évoque une intuition géniale qu'un immense philo-physicien, Blaise Pascal, formula dans une lettre datée du 29 octobre 1647 et adressée au père Noël (*sic*), ce jésuite auteur d'un livre intitulé *Le Plein du vide* :

> *Il y a autant de différence entre le néant et l'espace vide, que de l'espace vide au corps matériel ; et ainsi l'espace vide tient le milieu entre la matière et le néant*[1].

Sorte de prologue ou d'antichambre de la matière, lieu intermédiaire de son actualisation potentielle, le vide quantique n'a-t-il pas très exactement le statut que l'auteur des *Pensées* accordait au vide tout court ?

Mais nous devons nous montrer ici plus précis. Tout ce que nous venons de dire du vide quantique découle de ce que la physique quantique n'introduit pas de différence fondamentale entre un état physique contenant de la matière et un état n'en contenant pas. Les objets fondamentaux de la théorie sont des « champs quantiques » qui s'étendent dans tout l'espace. Ils représentent aussi bien la matière que le rayonnement. Ainsi, au lieu de parler d'électrons proprement dits, la théorie quantique invoque un « champ électronique ».

1. Réponse de Blaise Pascal au très révérend père Noël, recteur de la Société de Jésus, à Paris, le 29 octobre 1647. Pascal, *Œuvres complètes*, Paris, Gallimard, « Bibliothèque de la Pléiade », 1998, p. 376.

Or, ce champ électronique possède la propriété d'être « toujours là », au sens où les équations de la physique quantique ne permettent pas d'envisager une situation dans laquelle le champ serait partout nul, totalement absent. Dès lors, comment envisager le vide ? Il ne peut plus être considéré comme ce qui resterait si on enlevait le champ puisque ce champ ne peut pas être supprimé. Il devient plutôt un état particulier du champ, l'état dit « fondamental », celui dont l'énergie est la plus basse possible. Il n'y a donc plus de distinction formelle entre le vide et les autres états de la matière, de sorte qu'il devient impossible de lui accorder un statut qui soit réellement à part. L'« adhérence » du champ quantique à l'espace étant irrémédiable, elle oblige à considérer le vide, non plus comme un espace vide, mais comme un océan grouillant de particules virtuelles capables, dans certaines circonstances, d'accéder à l'existence. Le vide quantique est donc tout sauf vide (*The vacuum is not empty*, comme disent les Anglais, au vocabulaire en l'occurrence plus subtil que le nôtre). Il n'a de vide que le nom, dont il trahit le sens.

Le vide quantique constitue en somme l'état de base de la matière, dont celle-ci émerge sans jamais couper son cordon ombilical. Et on pourrait presque parler à son sujet d'une « effervescence du vide[1] », tant son tempérament potentiellement bouillonnant s'oppose à l'idée même de vacuité stérile.

Le vide est donc lui aussi matière à contredire ce qu'on entend par vide...

1. *L'Effervescence du vide* est le titre d'un livre magnifique du philosophe Nicolas Grimaldi (Paris, Grasset, 2012), consacré non pas au vide de la physique, mais aux événements de... Mai 68 !

Nous pourrions aller encore plus loin en suggérant que la physique quantique donne au vide un statut proche de celui qu'Aristote accordait à la matière, celui d'un support sans forme, d'un état de référence en puissance d'objets. Elle décrit en effet les manifestations du monde physique en termes d'excitations par rapport à l'état fondamental de la matière, ce vide quantique qui serait en somme l'équivalent du diapason primitif. Ce qui donne presque raison à Emil Cioran déclarant (dans *L'Élan vers le pire*) : « Tout est superflu, le vide aurait suffi. »

Dès 1928, c'est-à-dire bien avant que le vide quantique soit compris comme il l'est aujourd'hui, le physicien britannique Paul Dirac avait proposé une nouvelle image du vide : il le concevait non pas comme un espace qui serait débarrassé de tous les objets qu'il contient, mais, au contraire, comme un lieu saturé de matière…, en l'occurrence d'électrons ! Un vide ultra-plein, en quelque sorte !

Pour être un peu comprise, cette histoire fascinante doit être brièvement racontée.

Le but de Paul Dirac était d'écrire une équation obéissant à la fois aux règles de la physique quantique et à celles de la théorie de la relativité restreinte, afin de pouvoir décrire le comportement des particules en toutes circonstances, y compris lorsque leur vitesse atteint des valeurs proches de celle de la lumière. Pendant une année entière, il travailla d'arrache-pied, jusqu'au soir de Noël 1928 où, assis à son bureau du collège Saint-John à Cambridge, il posa son stylo sur son cahier, et s'exclama : « Ça y est, je la tiens. »

Assez vite, pourtant, Dirac constata que son équation avait des implications étranges, qui n'allaient d'ailleurs pas tarder à dérouter ses collègues physiciens : certaines des solutions de son équation correspondaient à des particules d'énergie… négative ! Or toutes les particules connues ont une énergie positive, y compris lorsqu'elles sont immobiles, puisque leur énergie est alors égale à mc^2, leur énergie « au repos » Si des particules d'énergie négative existaient, elles auraient donc aussi une masse négative. Cela impliquerait qu'elles remonteraient le cours du temps et que, sous l'action d'une force, elles se déplaceraient dans le sens contraire de celui des particules ordinaires, qui sont toutes dotées d'une masse positive. Or, personne n'a jamais vu de telles attitudes dans le monde des particules. Mais alors, quelle pouvait bien être la signification de ces énergies négatives qui venaient de pointer le bout de leur nez dans le champ de la physique ? Fallait-il les accepter ? Et, si oui, de quelle révolution étaient-elles les signes avant-coureurs ?

Le flottement et les controverses durèrent jusqu'en mai 1931, date à laquelle Dirac finit par comprendre que les énergies négatives sont associées à une nouvelle particule ayant nécessairement la même masse que l'électron et une charge électrique opposée à la sienne. Il appela ce nouvel objet microscopique « l'antiparticule » de l'électron. Quelques mois plus tard, cette prédiction étonnante fut confirmée par l'observation : une quinzaine d'antiparticules de l'électron, aussitôt baptisées « positrons », furent détectées en 1932 au sein du rayonnement cosmique par Carl Anderson[1].

1. En fait, quand Carl Anderson a découvert le positron, il ignorait que son existence avait été prédite par Paul Dirac. Dans un premier temps, il lui attribua d'ailleurs une masse égale à un vingtième de la masse du proton, alors que l'équation de Dirac imposait qu'il ait exactement la même masse que l'électron, 1 800 fois plus faible que celle du proton.

Dirac démontra en outre un résultat étonnant : un électron et un positron ne peuvent jamais apparaître qu'ensemble, c'est-à-dire toujours l'un avec l'autre, par paire, un peu comme deux frères jumeaux.

Comment a-t-il pu prédire pareille chose ? Réponse : en bouleversant radicalement la représentation du vide, c'est-à-dire en lui accordant la structure qu'impliquait (à ses yeux) son équation, celle d'un monde caché... plein à ras bord !

Selon lui, le vide est une sorte de parking souterrain qui affiche complet : les différentes places de ce parking correspondent à des énergies négatives et chacune d'elle est occupée par un électron. Ce parking saturé d'électron forme ce qu'on appelle la « mer de Dirac ». C'est donc un « vide » truffé de particules et sans aucune place vacante. Dans les conditions normales, ces électrons d'énergie négative ne sont pas observables directement depuis la surface : tout se passe même comme s'ils n'existaient pas. Ce qui est détectable, en revanche, c'est tout changement qui se produit à partir de cette situation de référence : si un électron, sous l'influence d'un événement qui lui confère un supplément d'énergie, passe d'un état d'énergie négative à un état d'énergie positive, il devient par là même subitement observable, telle une voiture sortant d'un parking complet et dont l'apparition manifeste que ce parking n'est plus complet ; quant au « trou » – la place vacante – qu'il a laissé dans la mer, il devient lui aussi observable. Dans ce schéma, ce trou n'est autre que l'antiparticule de l'électron, c'est-à-dire le positron, apparu en même temps que l'électron lui-même. Un électron ne peut donc être créé sans qu'aussitôt un positron le soit aussi.

En somme, pour Dirac, l'idée de *mer* va de *pair* avec celle de *paire*.

Sans doute y aurait-il là du grain à moudre pour les psychanalystes, qui pourraient discuter tout à loisir entre *pairs* de la psychologie du *père* de l'antimatière au bord de la *mer*… Surtout s'ils avaient vent de cette petite histoire qui fut racontée à Dirac par sa mère lorsqu'il était enfant : un prêtre irlandais, qui vient d'être affecté à une nouvelle paroisse, décide de rendre une visite de courtoisie à tous les habitants du village. Un jour qu'il frappe à la porte d'une ferme, une mère de famille lui ouvre et le fait entrer dans la pièce principale, qui est pleine de bambins :

– *Combien avez-vous d'enfants, Madame ? demande le prêtre.*
– *Nous avons quatre paires de jumeaux, mon Père.*
– *Vous faites donc toujours des jumeaux ?*
– *Oh non, mon Père, mon mari et moi, parfois, nous ne faisons pas d'enfants du tout !*[1]

Cette anecdote a-t-elle pu jouer un rôle inconscient dans l'esprit de Dirac lorsqu'il comprit que l'électron et le positron ne peuvent pas être créés l'un sans l'autre ?

Nous laisserons les professionnels de la *psyché* en débattre. De notre côté, la leçon que nous tirons de notre survol des grandes révolutions de la physique est simple à énoncer : toutes ont modifié le statut accordé au vide, soit en le dépouillant, soit en le meublant autant que de besoin, tantôt en l'annulant littéralement, tantôt en le faisant revenir en force. L'idée de vide a donc finalement un tempérament accueillant : tel un

1. Cette anecdote est rapportée par Abraham Pais in *Playing with Equations, the Dirac's Way, Reminiscences about a Great Physicist: Paul Adrien Maurice Dirac*, Behram Kursunoglu et Eugene Wigner (éd.), New York, Cambridge University Press, 1987, p. 111.

aimant invisible, elle attire sur elle les projections plus ou moins fantaisistes de l'intellect et de l'imagination.

Les théories physiques apparaissent ainsi comme des systèmes où se donnent mutuellement sens, en un formalisme cohérent, des concepts tels que « temps », « espace », « vide », « matière », « énergie », « force ». Toutes ne sont pas compatibles entre elles, au sens où les écritures du monde qu'elles proposent ne peuvent toujours être traduites l'une dans l'autre. Ce désaccord formel et conceptuel maintient une certaine ambivalence du vide : la nature du vide quantique a même si peu à voir avec celle du vide de la théorie de la relativité générale que l'effacement de cette discordance constitue le défi principal de la physique théorique contemporaine. Et pourtant, dans les deux cas, on utilise le même mot totem : vide…

Tout au long de l'histoire, le vide a ainsi gardé la même dénomination malgré les bouleversements radicaux qui ont concerné aussi bien la façon de l'envisager que son contenu ou son mode d'existence. Une telle persistance sémantique malgré maintes métamorphoses du signifié interroge : provient-elle de ce que les concepts physiques fondamentaux sont toujours solidaires de catégories plus générales de la pensée, qui, elles, ne varieraient guère ? Ou bien de jeux de langage peu évolutifs qui orienteraient nos façons de dire et de réfléchir ? En 1931, Ludwig Wittgenstein, décidément inspirant, notait dans ses *Remarques mêlées* :

> *On entend toujours cette même remarque : que la philosophie ne fait à proprement parler aucun progrès, que les mêmes problèmes philosophiques qui occupaient déjà les Grecs nous occupent encore. Mais ceux qui disent cela ne comprennent pas la raison pour*

> *laquelle il doit en être ainsi. Or cette raison est que notre langue est demeurée identique à elle-même, et qu'elle nous dévoie toujours vers les mêmes questions. Tant qu'il y aura un verbe « être » qui semblera fonctionner comme fonctionnent « manger » et « boire », tant qu'il y aura les adjectifs « identique », « vrai », « faux », « possible », les hommes viendront toujours heurter à nouveau les mêmes difficultés énigmatiques et contempler d'un air fixe ce dont aucune explication ne semble pouvoir venir à bout.*

Certes, mais il n'empêche : l'intelligence scientifique que nous avons acquise de l'idée de vide ne constitue-t-elle pas un tremplin pour mieux la penser philosophiquement ? Voire une catapulte pour la reconsidérer de fond en comble, à partir d'autres ressources que les siennes propres, si cela se révélait nécessaire ?

Après tout, c'est aux philosophes qu'il appartient de cultiver et d'entretenir le champ des concepts, et parfois d'en inventer de nouveaux en cas de besoin, lorsque certains arguments positifs interviennent pour changer la donne. Dans *Le Normal et le Pathologique*, Georges Canguilhem écrivait : « La philosophie est une réflexion pour qui toute matière étrangère est bonne, et nous dirions volontiers : pour qui toute bonne matière doit être étrangère. »

Mais il est maintenant temps de causer de l'idée de cause, afin d'observer si cela pourrait produire, comme pour le vide, quelque effet sur la façon de la comprendre.

La cause est-elle vraiment entendue ?

Le silence absolu de toutes nos recherches scientifiques à l'égard de nos questions concernant la signification et la portée de la totalité du déploiement apparent est extrêmement pénible[1].

Erwin Schrödinger

Comme l'alpinisme, la causalité est une affaire de vertige surmonté.

En l'occurrence, celui qui nous saisit dès que nous tentons d'appréhender son rôle dans la nature. Car invoquer la causalité, c'est *ipso facto* convoquer l'infini, à cause de la régression interminable qu'elle implique : si tout a une cause, alors toute cause a une cause qui a elle-même une cause, etc.

Ainsi, *La Colombe de l'arche*, ce poème de Robert Desnos chanté par Yves Montand, eût pu être beaucoup plus long que ces quelques lignes :

Maudit soit le père de l'épouse du forgeron
qui forgea le fer de la cognée
avec laquelle le bûcheron abattit le chêne
dans lequel on sculpta le lit

1. Erwin Schrödinger, *L'Esprit et la Matière*, Paris, Seuil, 1980, p. 152.

où fut engendré l'arrière-grand-père
de l'homme qui conduisit la voiture
dans laquelle ta mère rencontra ton père.

D'où provient telle chose ? Quelle est la cause de ceci ? De cela ? Comment pareil événement a-t-il pu se produire ? À chaque fois que l'on tente de répondre à ce type de questions, se met en place un chemin vers l'abîme, vers un puits sans fond. Car on ne peut saisir une origine, raconter une apparition, expliquer un événement qu'en accrétant au processus en question sa propre antériorité. Quelque cuisse de Jupiter qu'on mette en avant, quelque point de départ qu'on choisisse, ils apparaissent comme n'étant ni de véritables fondements ni d'authentiques causes puisqu'ils demandent à être eux-mêmes fondés, en une sorte de régression du conditionné à sa condition. En vertu même du principe de causalité, toute cause ne doit-elle pas être l'effet d'une autre cause ? À chaque nouveau pas, il faut donc invoquer une nouvelle cuisse de Jupiter, puis une autre, et ainsi de suite, sans jamais mettre la main sur la cuisse originelle, la matrice initiale de toutes les cuisses ultérieures.

Ou alors, il faudrait poser une cause « première », une cause qui n'a pas à être elle-même fondée, qui serait cause d'elle-même en quelque sorte. Mais en interrompant ainsi la chaîne causale, ne subvertit-on pas l'idée même de causalité ? Ne la retourne-t-on pas contre elle-même en mettant en avant une cause spéciale, pas comme les autres, une cause déclenchante mais pas déclenchée ?[1]

1. Quiconque a l'habitude de prendre l'avion a eu l'occasion d'entendre cette explication : « Le vol est retardé en raison d'une arrivée tardive de l'appareil. » Ainsi le retard peut-il être considéré comme une très prosaïque cause première : il serait à lui-même sa propre cause…

Reste que, comme l'a bien résumé Émile Meyerson, nous ne pouvons guère nous retenir de tisser des liens entre les événements, comme si, à l'intérieur même du temps qui passe, ils ne cessaient de se tenir à distance par la barbichette :

> *Les phénomènes naturels se suivent et semblent se commander : la cause entraîne l'effet. Mais comment cela se fait-il ? Quel est le lien qui relie l'effet à la cause, et y a-t-il même un lien, un ciment qui les rattache l'un à l'autre ou s'agit-il, comme Hume a cru pouvoir le démontrer, d'une pure illusion de l'esprit, née de ce que nous avons l'habitude de les voir se poursuivre dans le temps et que nous transposons cette constatation en nécessité, en transformant* la séquence en conséquence[1] ?

La causalité serait en somme la tentation en notre esprit, justifiée ou non, naïve ou pas, qui nous pousse à considérer toute séquence d'événements comme le déroulement temporel d'une suite concaténée dont le dernier événement serait la conséquence directe ou indirecte du premier. Quelque chose dans notre entendement réclamerait ainsi de voir le monde comme une vaste chaîne causale, ainsi que le proclamait déjà ce proverbe latin : *Post hoc, ergo propter hoc* (« sous prétexte qu'un événement précède un autre événement, on croit qu'il en est la cause »).

Nous ne nous attarderons pas sur la notion de cause dans la philosophie d'Aristote, bien qu'elle y occupe une place centrale, car le mot avait pour lui un sens pluriel qui ne correspond guère à sa signification

1. Émile Meyerson, « Philosophie de la nature et philosophie de l'intellect », *Revue de métaphysique*, n° 41, 1934, p. 115.

moderne. La cause n'est pas seulement ce qui précède l'effet puisqu'elle inclut d'autres composantes telles que la volonté d'agir et se déploie en quatre modes différents : selon le Stagirite, une cause peut être matérielle, formelle, efficiente ou finale. Ainsi, la cause matérielle d'un bol est le bois, la céramique ou le métal, sa cause formelle est de contenir de la soupe, de la purée ou du fromage blanc, sa cause efficiente est le procédé grâce auquel il a été fabriqué, et sa cause finale est de nourrir celui ou celle qui s'en sert.

Leibniz, après avoir séparé les causes, au sens physique du terme, des raisons qui ne motivent que les actions humaines, avait assimilé la causalité à l'idée d'un déterminisme strict et totalisant : « Rien ne se fait sans raison suffisante, c'est-à-dire que rien n'arrive sans qu'il soit possible à celui qui connaîtrait assez les choses de rendre une raison qui suffise pour déterminer pourquoi il en est ainsi, et non pas autrement[1]. » En d'autres termes, même si un événement n'a pas de cause identifiable, il en a tout de même une, nécessairement, qui nous est cachée. Ainsi la causalité agit-elle souterrainement en toutes circonstances et en amont de tout événement, de sorte qu'il ne reste plus aucun espace pour la contingence.

Un peu plus tard, David Hume (cité par Émile Meyerson) avait considéré que le principe de causalité était pour nous comme « le ciment de l'univers[2] », et constituait même l'un des trois principes

1. Leibniz, *Principes de la nature et de la grâce fondés en raison* (texte original en français), Paris, PUF, coll. « Épiméthée », 2001, p. 83.

2. Ce terme de « ciment », présent sous les plumes de Hume et de Meyerson, se retrouve également dans le titre d'un ouvrage de la philosophe des sciences Claudine Tiercelin : *Le Ciment des choses*, Paris, Éditions d'Ithaque, 2011.

d'association fondamentaux, avec la ressemblance et la contiguïté.

Mais en général, afin de ne pas se perdre dans trop de nuances, on se contente de résumer le principe de causalité en répétant que « tout événement a une cause qui lui est nécessairement antérieure », sans voir que, sous ses airs badins, cette présentation est loin de clore l'affaire. Elle pose même d'épineux problèmes philosophiques qui constituent le contrepoint de ceux soulevés par l'idée de hasard : hasard et causalité sont en effet corrélés au sens où le premier se déploie dans l'ombre de l'autre. Invoquer le hasard, c'est presque toujours admettre qu'il y a une difficulté à identifier une explication causale. Le hasard correspond en quelque sorte au *purgatoire de la causalité*.

Ainsi que le veut la règle dès qu'il s'agit de discuter de concepts, il existe de multiples théories de la causalité et, bien sûr, nul consensus à leur sujet.

Pour certains philosophes, à commencer par David Hume, la causalité ne serait qu'une simple conjonction constante : « La cause peut être définie comme un objet qui est suivi d'un autre, et de telle sorte que tous les objets semblables au premier sont suivis par des objets semblables au second[1] ». En d'autres termes, P cause Q si Q survient toujours si P advient précédemment. Selon cette conception, le lever du soleil serait la cause de son coucher qui serait lui-même la cause de son lever, de sorte que cause et effet seraient solidairement imbriqués dans la même répétition. Dès lors qu'elle dissout la notion de cause dans ses effets supposés qui jouent eux-mêmes le rôle de causes, cette approche exige d'être améliorée.

1. David Hume, *Enquête sur l'entendement humain*, Paris, Vrin, 2008, p. 209.

Hume le fit lui-même en suggérant de ramener la causalité à une dépendance contrefactuelle entre deux événements : « Si la cause n'avait pas existé, l'effet n'aurait pas existé non plus. » Il est en effet logique de concevoir une cause comme quelque chose qui produit nécessairement une différence par rapport à ce qui se serait passé sans elle. Par exemple, si telle personne n'avait pas pris cet avion qui s'est tragiquement écrasé, elle ne serait pas morte. Mais argumenter ainsi suppose de raisonner « toutes choses égales par ailleurs ». Car si l'on imagine une autre histoire dans laquelle ladite personne ne serait pas montée à bord de l'avion en question, comment être bien certain que d'autres choses n'auraient pas pu se passer qui auraient alors changé la suite des événements, et peut-être empêché l'accident ? La conception contrefactuelle de la causalité n'est pas une idée forcément tranquille[1].

Dans la *Critique de la raison pure*, Kant a tenté une formalisation plus rigoureuse du principe de causalité. Dans la « deuxième analogie de l'expérience », il posait cette question : qu'est-ce qui distingue une succession objective d'une succession subjective ? C'est que, répondit-il, dans une succession subjective, la synthèse de mes représentations se fait selon un ordre arbitraire et qui peut être modifié à ma guise, tandis que dans une succession objective, au contraire, l'ordre est déterminé d'une façon que je ne peux pas changer. Pour étayer son argumentation, il compara deux

1. Elle a été finement analysée par David Lewis dans un article intitulé « Causality » publié dans *Philosophical Papers*, Oxford, Oxford UP, vol. II, 1986, p. 159-172. Une traduction de cet article par S. Durand se trouve dans *Ontologie, identité, structure et métaontologie*, textes réunis par F. Nef et Y. Schmitt, Paris, Vrin, 2017, p. 219-239.

perceptions, d'abord celle d'un bateau descendant un fleuve, puis celle d'une maison :

> *Quand je vois un bateau descendre le cours d'un fleuve, ma perception de la position qu'il occupe en aval du courant du fleuve est postérieure à la perception de la position qu'il occupait en amont, et il est impossible que, dans l'appréhension de ce phénomène, le bateau puisse être perçu d'abord en aval et ensuite en amont du courant. L'ordre dans la série des perceptions qui se succèdent dans l'appréhension est donc ici déterminé et cette appréhension est liée à cet ordre.*[1]

Mais, poursuit le philosophe, si c'est une maison que je regarde, et non plus un bateau descendant un fleuve, les choses deviennent différentes :

> *Mes perceptions dans l'appréhension peuvent commencer au sommet et finir par le sol ; je peux aussi les faire partir du bas et m'arrêter en haut, et également appréhender par la droite et par la gauche le divers de l'intuition empirique. Dans la série de ces perceptions, il n'y a pas d'ordre déterminé qui m'obligerait à commencer par un côté ou par un autre pour lier empiriquement le divers.*[2]

En d'autres termes, dans l'ordre de mes perceptions des diverses parties d'une maison, il y a de l'arbitraire et de la contingence, qui n'existaient pas lorsque le phénomène que j'observais était un bateau descendant un fleuve.

1. Emmanuel Kant, *Critique de la raison pure*, Paris, PUF, 1971, p. 184.
2. *Ibid.*, p. 185.

Tel est l'argument à l'issue duquel Kant établit que « ce n'est que parce que nous soumettons la succession des phénomènes et, par suite, tout changement, à la loi de causalité, qu'est possible l'expérience même, c'est-à-dire la connaissance empirique de ces phénomènes ; par conséquent, ils ne sont eux-mêmes possibles, comme objets de l'expérience, que suivant cette loi[1] ». En clair, Kant appuyait l'objectivité de la succession sur la nécessité causale, et le temps lui apparaissait ensuite comme sous-tendu par elle : la causalité agit en amont de la succession temporelle qui l'incarne et la rend manifeste ; c'est elle qui organise un ordre objectif dans le temps en tissant le fil des séquences dans lesquelles s'enchaînent les événements. Elle se pose ainsi en règle absolue de la détermination dans le temps. L'effet ne survient pas seulement *à la suite* de la cause : il est posé par cette dernière et il en résulte.

La métaphore du fleuve a ainsi inspiré à Kant l'idée d'un « ordre du temps[2] », qu'il distingue soigneusement du « cours du temps » : l'ordre du temps fixe l'antériorité logique de la cause sur l'effet, tandis que le cours du temps « temporalise », « étale dans le temps », le lien de cause à effet :

> *La plus grande partie des causes efficientes dans la nature existent en même temps que leurs effets, et la succession dans le temps de ceux-ci tient uniquement à ce que la cause ne peut pas produire tout son effet en un moment. Mais dans le moment où l'effet commence à se produire, il est toujours simultané avec la causalité de sa cause, puisque, si cette cause avait cessé d'être un instant auparavant, l'effet n'aurait pas*

1. *Ibid.*, p. 184.
2. *Ibid.*, p. 190.

> *pu se produire. Il faut bien remarquer ici qu'il s'agit de l'ordre du temps et non de son cours : le rapport demeure, même s'il ne s'est pas écoulé de temps.*[1]

Lorsque la causalité est en jeu, les phénomènes concernés se déroulent selon un ordonnancement précis qui se manifeste par le biais d'une chronologie objective, au sens où elle est la même pour tous les observateurs et ne dépend pas de leur façon personnelle de les saisir.

Dans des contextes d'indéterminisme fort, tels ceux de la politique et de l'économie, la causalité ne peut plus être envisagée que sous une forme affaiblie. Elle n'est plus la production directe d'un effet par une cause, mais une influence indirecte qui augmente la probabilité que tel ou tel phénomène se produise : sans que l'on puisse toujours expliciter pourquoi, l'« effet » devient plus probable lorsque la « cause » est présente que lorsqu'elle est absente. C'est la thèse notamment défendue par le philosophe Huw Price[2], selon laquelle la causalité devient affaire de stratégie : les causes ne sont que des moyens que les agents utilisent pour rendre plus probables les effets qu'ils désirent. Par exemple, on peut décider de modifier le taux de la TVA dans l'espoir que cette mesure aura un effet positif sur la consommation des ménages ou sur telle ou telle variable économique.

Pour d'autres enfin, la causalité ne peut se penser qu'en termes d'un mécanisme par lequel la cause transmet quelque chose d'elle-même à l'effet qu'elle produit. Elle serait associée au transfert d'une certaine entité, par exemple d'énergie, entre un premier événement et

1. *Ibid.*, p. 190-191.

2. Huw Price, « Agency and Probabilistic Causality », *British Journal for the Philosophy of Science*, n° 42, 1991, p. 157-176.

un second, c'est-à-dire à la propagation d'un liant qui « collerait » la cause à l'effet, ainsi que l'explique le philosophe Max Kistler :

> *Deux événements* c *et* e *sont liés comme cause et effet si et seulement s'il existe au moins une grandeur physique* P, *soumise à une loi de conservation, exemplifiée dans* c *et* e, *et dont une quantité déterminée est transférée entre* c *et* e.[1]

La causalité devient en somme une sorte de fluide dynamique scellant deux événements successifs. On retrouve là, exprimée autrement, l'idée d'un ciment *temporel* de l'univers : la causalité serait aux événements se déroulant dans le temps ce qu'est une interaction entre objets dans l'espace.

Mais on trouve aussi des philosophes pour considérer que le principe de causalité demeure injustifiable sur un plan strictement philosophique, car, arguent-ils, si la causalité est le principe dont tout formalisme scientifique procède, elle ne procède elle-même de rien (au sens où la raison est incapable d'en rendre compte). Pareil constat avait d'ailleurs poussé Schopenhauer à faire l'expérience inverse de celle de Newton : selon la légende, le découvreur de la gravitation universelle s'était étonné que la pomme tombât et avait d'un coup identifié la cause du phénomène ; Schopenhauer, lui, s'étonnait que la causalité découverte par Newton suffît à faire tomber la pomme, et se demandait comment cette notion avait pu devenir une évidence première pour tant de philosophes. Les questions cessent-elles en effet de se poser après qu'on a dit que « la pomme

1. Max Kistler, *Causalité et lois de la nature*, Paris, Vrin, 2000, p. 282.

tombe en direction de la terre à cause de la force de gravitation » ? Non, car il reste alors à identifier la cause de la force de gravitation elle-même, ce qui ne fait que décaler le problème d'un cran.

Il est maintenant temps d'en venir à la physique. Que dirait-elle de tout cela ? La notion de cause, au sens fort du terme, a posé tant de problèmes aux physiciens qu'ils ont fini par quasiment l'abandonner. Ils ne l'invoquent en tout cas presque plus de façon explicite, même si le concept de cause demeure présent dans certains de leurs discours. La cause en est (si l'on ose dire) celle identifiée par Bertrand Russell : « Il en va du concept de cause comme de la monarchie anglaise, à savoir qu'on ne l'a laissée survivre que parce qu'on suppose à tort qu'elle ne fait pas de dégâts[1] »... Russell prenait, comme Schopenhauer, l'exemple de la loi de gravitation afin de montrer comment celle-ci aplatit la notion de causalité. « Dans les mouvements des corps gravitant ensemble, il n'y a rien qui puisse être appelé une cause, et il n'y a rien qui puisse être appelé un effet : il y a là simplement une formule qui permet de calculer la configuration du système à n'importe quel instant. »

Après avoir joué un rôle essentiel dans la physique des XVIIe et XVIIIe siècles, l'idée de cause a en effet vu son importance décliner en deux étapes : au XIXe siècle d'abord, avec son effacement au profit de la notion de loi physique, et aussi avec l'assouplissement du déterminisme du fait de l'apparition des probabilités en physique statistique ; au XXe siècle, ensuite, lorsque

1. Bertrand Russell, *On the Notion of Cause*, in *Mysticism and Logic and Other Essays*, Londres, Unwin, 1986, p. 173.

la physique quantique lui a porté le coup de grâce. En effet, l'usage que cette physique fait des probabilités interdit qu'on puisse parler, à propos des processus quantiques, de cause au sens strict du terme. C'est le physicien allemand Max Born qui s'en rendit compte le premier. En 1926, alors qu'il étudiait d'un point de vue théorique la façon dont un électron évolue quand il est envoyé sur un obstacle, par exemple sur un atome, il constata que la « fonction d'onde[1] » de l'électron, d'abord simple onde plane, se modifiait peu à peu, se déformait à proximité de l'obstacle et divergeait finalement pour s'étendre dans toutes les directions. Or l'expérience correspondante existait, avec des résultats parfaitement clairs : si l'on détecte l'électron sur un écran fluorescent, on ne voit pas une lumière diffuse se répandre sur tout l'écran, partout où la fonction d'onde est censée être présente, mais, au contraire, l'électron arrive en un point de l'écran, un seul, où une scintillation signale l'impact. Quand on répète l'expérience avec d'autres électrons, le même phénomène se répète, hormis que le point d'impact sur l'écran n'est plus le même : il semble varier au hasard d'un cas à l'autre. Max Born en conclut que la fonction d'onde ne contrôlait pas le mouvement exact de la particule, mais seulement la probabilité que celle-ci puisse être détectée en un point ou un autre de l'écran[2].

1. La fonction d'onde d'une particule est une fonction mathématique à partir de laquelle on peut calculer la probabilité que ladite particule soit détectée ici ou là.

2. Pour cette découverte, Max Born a obtenu le prix Nobel de physique en 1954. En 1933, à cause des lois raciales promulguées par les nazis, il dut abandonner son poste de professeur à Göttingen et trouva d'abord refuge à Cambridge, chez son ami Ernest Rutherford. À sa descente du train, il eut un choc en voyant une affiche sur laquelle était écrit

C'est ainsi que, de fil en aiguille, l'idée de cause semble avoir été évacuée des théories scientifiques pour se résorber dans la dynamique même des systèmes. Pourtant, le principe de causalité, lui, reste parfaitement vivace ! Désormais épuré de l'idée de cause, il a permis l'élaboration des théories de la physique moderne (physique quantique et théories de la relativité), et il structure en profondeur celles qui sont à l'ébauche : c'est lui qui continue d'imposer un ordre obligatoire et absolu entre divers phénomènes, sans que l'un puisse être présenté comme la cause de l'autre. Afin de témoigner de cette émancipation par rapport à ses premières formulations, on pourrait avantageusement le rebaptiser « principe d'antécédence » ou « principe de protection chronologique » ou « principe de dépendance causale »...

En pratique, le principe de causalité se décline dans les différents formalismes de la physique : il s'adapte à chacun d'eux, y prend une forme qui dépend de la façon dont les événements et les phénomènes sont mathématiquement représentés. Ses conséquences sont toujours extrêmement contraignantes. Elles s'expriment sous la forme d'interdictions ou de prédictions, qui dépendent de façon cruciale de la théorie qu'on considère.

En physique newtonienne, la causalité brise le cercle du temps : elle implique que le temps est linéaire et non cyclique. Cette ouverture topologique suffit à assurer qu'un effet ne peut pas rétroagir sur sa propre cause. Elle offre d'autre part une entrevision de l'infini au sein de laquelle viendra se déployer la notion de progrès et,

---

en grosses lettres *Born to be Hanged*, ce qu'il comprit comme signifiant « Born au gibet ». Il lui fallut un peu de temps avant de comprendre qu'il s'agissait d'une publicité pour une pièce de théâtre intitulée « Né pour être pendu ».

avec elle, l'idée de destinée en lieu et place de celle de destin (« L'homme de lumière, a justement écrit Vladimir Jankélévitch, c'est le principe du temps qui indique à la ronde le chemin de l'aurore[1] »).

En relativité restreinte, la causalité interdit qu'une particule puisse se propager plus vite que la lumière dans le vide, car une telle possibilité lui permettrait de voyager dans le passé et éventuellement d'y changer le cours d'événements qui se sont déjà produits…

En physique quantique non relativiste, qui ne vaut que pour les particules dont les vitesses sont faibles par rapport à celle de la lumière, elle est garantie par la structure même de l'équation qui pilote l'évolution de l'état de ces particules : l'équation dite « de Schrödinger »[2]. Et en physique des particules, la prise en compte de la causalité a permis de prédire l'existence de l'antimatière, dûment confirmée ensuite par l'expérience : à chaque particule est associée une antiparticule ayant la même masse qu'elle et une charge électrique opposée.

De façon plus large, la causalité s'explicite formellement aujourd'hui par le biais de ce qu'on appelle « l'invariance CPT » à laquelle doit obéir la dynamique des phénomènes physiques[3]. Qu'exprime-t-elle ? Simplement le fait que les lois physiques qui gouvernent

1. Vladimir Jankélévitch, *L'Aventure, l'Ennui, le Sérieux*, Champs-Flammarion, Paris, 2017, p. 309.

2. L'argument est assez technique, et nous en sommes désolés. En physique quantique, l'hamiltonien est l'opérateur mathématique qui permet de décrire l'évolution d'un système physique au cours du temps. L'équation de Schrödinger fait jouer à cet opérateur le rôle de « générateur infinitésimal des translations dans le temps », ce qui garantit strictement, nous le jurons, le respect de la causalité.

3. L'opération T correspond au « renversement du temps » : on imagine que le temps s'écoule du futur vers le passé. L'opération P est la « parité » : elle consiste à regarder l'image d'un phénomène donné dans

notre monde sont rigoureusement identiques à celles d'un monde d'antimatière qui serait observé dans un miroir et où le temps s'écoulerait à l'envers. Elle a notamment comme conséquence que la masse et la durée de vie des particules doivent être strictement égales à celles de leurs antiparticules, ce qui, pour autant qu'on le sache, est vrai. Dans sa formulation même, cette invariance rend donc explicite le lien entre causalité et antimatière : l'antimatière est en somme la preuve matérielle qu'il est impossible de remonter dans le temps et d'y changer le passé.

Ces diverses déclinaisons et implications du principe de causalité, si on laisse de côté leurs aspects les plus techniques, sont claires. Si limpides même, qu'elles tendent à masquer une difficulté conceptuelle redoutable. En effet, la notion de causalité ne semble pouvoir être pensée, ni même définie, indépendamment des événements qui viennent se soumettre à elle et en un sens l'incarnent. De là une certaine ambiguïté de son lien avec le cours du temps, considéré comme indépendant des phénomènes : si celui-ci est contraint par le principe de causalité, cela signifie qu'il est indirectement « contaminé » par les phénomènes causalement reliés qui se déroulent en son sein. En d'autres termes, et malgré la distinction établie entre cours du temps et phénomènes temporels, on s'aperçoit que le principe de causalité vient (partiellement) les réenchevêtrer.

De plus, il se pourrait que cette relation entre temps et causalité soit un jour inversée, ou renversée, du moins si l'on en croit certaines théories à l'ébauche aujourd'hui, qui tentent de construire une théorie

---

un miroir. Quant à l'opération C, c'est la « conjugaison de charge », qui consiste à transformer une particule en son antiparticule, et *vice versa*.

quantique de la gravitation. Plusieurs voies sont explorées[1]. À ce jour, aucune n'a encore vraiment débouché, mais de nombreux physiciens théoriciens pensent que le concept de causalité pourrait être opératoire à des niveaux plus profonds que l'espace-temps lui-même, de sorte que les travaux qui visent à comprendre la nature et la structure de l'espace-temps font tous intervenir la causalité de façon cruciale[2].

Mais dès lors que la physique a renoncé aux causes proprement dites et a dissous l'idée même de causalité dans celle de loi physique, il nous incombe de clarifier cette dernière notion : quel lien peut-il exister entre l'univers physique et les lois universelles qui découlent des théories physiques ? En d'autres termes, quel est le statut des lois physiques et comment parviennent-elles à s'appliquer aux objets physiques ?

D'où vient, par exemple, que deux électrons, porteurs de charges électriques de même signe, subissent une force électrique qui a tendance à les éloigner l'un de l'autre, d'autant plus fortement qu'ils sont plus proches ? On répondra que c'est l'une des lois

1. On peut choisir d'appliquer les procédures de la physique quantique à la relativité générale, ou bien procéder à un « mariage » des deux qui impliquerait une modification de la physique quantique standard, ou bien mettre sur pied une nouvelle théorie qui dépasse, en les incluant, la physique quantique et la relativité générale.

2. Pourrions-nous complètement abandonner le principe de causalité et toutes les idées qui l'accompagnent de près ou de loin ? Ce serait une authentique révolution, que Ludwig Wittgenstein est l'un des rares à avoir envisagée : « Lorsque, il y a seize ans, je pensais que la loi de causalité est en soi dénuée d'importance et qu'il y a une façon de considérer le monde qui n'en tient pas compte, j'ai eu le sentiment d'être au seuil d'une époque nouvelle » (Ludwig Wittgenstein, *Carnets de Cambridge et de Skjolden*, Paris, PUF, coll. « Perspectives critiques », 1999, p. 35).

de l'électromagnétisme qui le leur impose. Oui, mais par quel truchement ? Cette loi est-elle inscrite au fin fond de leur être ? Leur est-elle au contraire extérieure ? Mais dans ce cas, d'où provient-elle ?

Une première piste consiste à considérer que les lois physiques seraient des produits de l'intellect, ou du moins qu'elles en seraient inséparables. Mais comment la pensée de l'homme, qui n'est qu'une partie micro-infime de l'univers, parviendrait-elle à saisir la structure du tout qui la contient ? En d'autres termes, grâce à quelle nature très spéciale les lois physiques pourraient-elles participer à la fois du *monde* qu'elles structurent et de la *pensée* qui comprend ce monde ? Y aurait-il une parenté de structure, voire une identité, entre l'esprit humain et l'univers ?

On peut préférer considérer, derrière Platon, l'existence de deux mondes distincts ; d'une part, celui des formes intelligibles, constitué de réalités immuables et faisant l'objet d'une connaissance et d'un discours vrais ; d'autre part, celui des choses sensibles, qui ne sont que des copies approximatives des formes pures. En langage moderne, cela reviendrait à dire que les équations mathématiques exprimant les lois physiques sont « transcendantes » et non pas immanentes, c'est-à-dire indépendantes de l'univers empirique, et que ce dernier n'en constitue qu'une image mobile et imparfaite. Le monde serait en quelque sorte un écho physique dégradé de la pureté mathématique qui le tiendrait sous sa coupe. Mais si tel est le cas, comment le monde des équations parvient-il à structurer « à distance » le monde des phénomènes ? Ou, redit en langage platonicien, comment les formes intelligibles participent-elles aux formes sensibles ? En guise de réponse, Platon avait énoncé dans le *Timée* deux hypothèses donnant naissance à deux fictions : celle d'un *démiurge*, qui met en ordre l'univers, et celle de la *khora*, le matériau sur lequel intervient le démiurge en s'inspirant du mieux qu'il peut, mais de manière infidèle, des formes intelligibles. Mais comment ces idées pourraient-elles s'adapter à la physique contemporaine, peu friande de démiurges en tous genres ?

Ces embarras peuvent nous porter à suivre plutôt Spinoza, selon lequel il n'y a qu'un seul et même univers, mais qui se donne sous deux modalités différentes : d'un côté, un univers matériel et spatial, et, de l'autre, un univers législatif contenant des lois, des principes et des règles qui sont accessibles à la pensée. Mais là encore, comment ces deux modalités d'être de l'univers communiquent-elles ? Par quelle médiation les lois de la matière, qui relèvent du deuxième mode, parviennent-elles à s'imposer à la matière, située, elle, dans le premier mode ?

On voit par là que les questions les plus vives de la cosmologie contemporaine font lointainement écho aux systèmes philosophiques les plus puissants. Mais parmi toutes ces options, ou d'autres également imaginables, comment opérer un choix ?

La réponse s'annonce d'autant plus délicate qu'un bouleversement est en train de se produire, de plus en plus manifeste : l'arrivée du *big data*. Tout le monde en parle, et pour cause : couplé à l'intelligence artificielle, le big data a déjà, et aura plus encore dans l'avenir, un impact majeur sur les technologies, le travail, les emplois, l'économie, la médecine et les relations interpersonnelles. Et aussi, à l'évidence, sur les sciences, notamment sur la manière de mener les recherches, et peut-être aussi sur le statut même des lois physiques.

De quelle façon ?

Galilée est à juste titre considéré comme l'inventeur de la science telle que nous la pratiquons depuis quatre siècles, dont les deux grands piliers ont été la théorisation et l'expérimentation : on élabore des hypothèses conduisant à la formulation de lois, qui sont ensuite testées grâce à des expériences spécifiques, souvent très éloignées de la simple observation. Par exemple, lorsque, en 1604, Galilée énonce que tous les corps, quelle que soit leur masse, tombent à la même vitesse, il formule une loi qui n'est ni conforme aux données empiriques de l'époque, ni directement observable (elle ne peut l'être que dans le vide) : elle ne sera expérimentalement vérifiée que bien plus tard.

Mais cette façon de faire de la science n'est-elle pas en train de changer sous nos yeux ? Avec l'arrivée du big data, ce modèle canonique demeurera-t-il toujours vrai ? Continuerons-nous d'honorer la pensée spéculative, d'incliner à « la gravité enjouée de l'enquête métaphysique[1] » ? En juin 2008, Chris Anderson, rédacteur en chef de *Wired Magazine*, publiait un article au titre provocateur, qui répondait par la négative à ces questions : « The End of Theory : The Data Deluge Makes the Scientific Method Obsolete ». Il y défendait l'idée que lorsque nous disposerons de suffisamment de données, les nombres parleront d'eux-mêmes et les corrélations qu'ils dévoileront remplaceront les relations de causalité que manifestent les lois théoriques. La science changerait alors de visage puisqu'elle pourrait se développer sans plus énoncer d'hypothèses, et sans plus s'appuyer sur des théories explicites.

1. Georges Steiner, *Une certaine idée de l'Europe*, Arles, Actes Sud, 2005, p. 38.

Mais qu'est-ce au juste que le big data ? Un ensemble énorme de données brutes et silencieuses, dont le volume augmente à une vitesse prodigieuse[1]. Ces données choisies mémorisent les « traces » de l'activité d'êtres vivants, de machines, d'objets, et leurs états successifs. Leur collecte est principalement automatique, puis ces données sont analysées par des algorithmes qui y détectent des régularités, par exemple dans le comportement des consommateurs, des machines, des indices économiques, du trafic routier… À partir de ces régularités, ils infèrent des règles prédictives que nous avons tendance à considérer comme des normes, ou comme des lois générales, voire universelles, alors qu'elles ne sont que la condensation de ce qui a déjà eu lieu : dès lors que le futur qu'elles configurent n'est que du passé extrapolé, elles ne peuvent correctement prédire l'avenir qu'à la condition que celui-ci prolonge le passé, sans surprises ni ruptures ni inventions.

Privilégier de la sorte l'induction, n'est-ce pas faire exagérément confiance à une certaine uniformité du cours de la nature et trop croire que certaines choses n'arriveront pas ?

Bien sûr, le big data ouvre des perspectives fascinantes, notamment celle de redécouvrir des lois universelles déjà connues par la simple analyse de données massives, ou bien, peut-être, d'en identifier de nouvelles. Il peut également aider à la compréhension de phénomènes impliquant de très grands nombres de variables quantifiables, tels les phénomènes météorologiques ou climatiques, les comportements électoraux,

1. En 2010, les experts de Google estimaient que l'humanité produisait en deux jours une quantité de données équivalente à celle qu'elle avait créée entre la nuit des temps et 2003…

l'usage des réseaux sociaux... Mais il est également envisageable que nous nous égarions dans l'identification de multiples corrélations, pas forcément bien interprétées.

Une corrélation n'est pas la même chose qu'une relation de cause à effet. Elle marque simplement le fait que deux grandeurs semblent dépendre l'une de l'autre, au sens où si l'une augmente, l'autre augmente ou décroit « de la même façon ». Par exemple, il a été récemment démontré dans une université américaine que les étudiants qui sont les plus gros consommateurs d'alcool ont tendance à avoir des résultats scolaires moins bons que les autres étudiants[1]. Est-ce à dire que c'est l'alcool qui serait la cause directe de cette baisse de niveau ? Il serait fautif d'aller aussi vite en besogne. On peut certes imaginer que l'alcool rende stupide, mais d'autres hypothèses sont envisageables : les étudiants qui boivent de l'alcool seraient à la base de moins bons étudiants ; ou bien ils seraient moins assidus que les autres les lendemains de cuite, ce qui engendrerait leurs déboires (*sic*) aux examens ; ou bien encore, ils boiraient plus que de raison afin de calmer leur peur d'échouer ou pour noyer des chagrins n'ayant rien à voir avec leurs études...

En d'autres termes, *une corrélation manifeste n'est pas nécessairement la manifestation d'une relation de causalité* : ce n'est pas parce qu'il y a des grenouilles après la pluie qu'on a le droit de dire qu'il a plu des grenouilles. Mais il arrive très souvent que nous confondions les deux notions, à la manière d'un Coluche

1. Exemple cité par Cristian Calude et Giuseppe Longo, *The Deluge of Spurious Correlations in Big Data*, Foundations of Science, mars 2016, p. 1-18.

conseillant de ne jamais aller à l'hôpital au motif qu'on y meurt en moyenne plus souvent que chez soi[1]...

Il y a donc bien la possibilité qu'avec le big data, au lieu de théoriser, nous cédions aux facilités de l'induction et délaissions le « geste théorique » de type galiléen, celui qui consiste à énoncer des hypothèses portant bien au-delà des données disponibles.

En guise d'exercice de réflexion, considérons le cas exemplaire d'Einstein. En 1915, il publiait la théorie de la relativité générale, alors qu'on n'avait que très peu de données sur l'univers : on ignorait, par exemple, qu'existassent d'autres galaxies que la nôtre, on ne savait pas d'où vient que les étoiles brillent, ni que l'univers est en expansion, etc. Mais les équations d'Einstein, d'une part, se sont parfaitement accommodées de la quantité gigantesque de données recueillies depuis un siècle par les télescopes et les satellites, d'autre part, ont permis de fonder une véritable cosmologie scientifique, capable d'envisager l'univers comme un véritable objet physique, doté de propriétés qui le caractérisent « en tant que lui-même ». Elles ont même permis de prédire l'existence des ondes gravitationnelles un siècle avant leur première détection, en septembre 2015, ce qui démontre qu'une théorie peut non seulement enrichir l'univers des données, mais également agir comme un « treuil ontologique » capable de faire apparaître de nouveaux éléments de réalité. En d'autres termes, la théorie en « dit plus » que les données, notamment

1. Récemment, une étude a montré que les gens qui consomment des boissons « light » auraient un risque plus grand de faire des AVC. Une partie de la presse en a aussitôt conclu que ces boissons étaient dangereuses pour la santé, sans même se demander si les consommateurs de boissons allégées n'avaient pas, par ailleurs, des habitudes alimentaires ou des comportements expliquant *causalement* la corrélation observée...

par le fait qu'elle explicite des lois que les données n'illustrent jamais que de façon partielle.

Imaginons maintenant que les choses se soient passées dans l'ordre inverse, c'est-à-dire que nous ayons commencé avec toutes les données dont nous disposons aujourd'hui, mais sans avoir à notre disposition la théorie de la relativité générale. Pourrions-nous, par une sorte d'induction théorique permettant de passer des données aux lois, découvrir les équations d'Einstein ? Rien n'est moins sûr, même si certaines lois physiques simples ont pu être récemment « redécouvertes » à partir de l'analyse d'un ensemble de données expérimentales[1].

La réponse d'Einstein à cette question aurait en tout cas été négative, du moins si l'on en croit la lettre qu'il écrivit un jour à son grand ami Maurice Solovine : « Aucune méthode inductive ne peut conduire aux concepts fondamentaux de la physique. L'incapacité à le comprendre est la plus grave erreur philosophique de nombreux penseurs du XIXe siècle[2]. » Quelques années plus tard, lors de la fameuse conférence qu'il donna à Oxford avant de quitter définitivement l'Europe pour l'Amérique, il précisera quelle était selon lui la base de l'invention des idées scientifiques :

1. Michael Schmidt, Hod Lipson, « Distilling Free-Form Natural Laws from Experimental Data », *Science*, vol. 324, 3 avril 2009, p. 81-85. Dans cet article, les auteurs démontrent qu'à partir de l'enregistrement des vitesses et des positions de pendules oscillants plus ou moins complexes, on peut retrouver grâce à des logiciels « intelligents » certaines lois de la mécanique, notamment la conservation de l'énergie et la loi de proportionnalité entre la force et l'accélération. En d'autres termes, l'algorithme s'est en la circonstance mué en physicien...

2. Lettre datée du 24 avril 1920, in Albert Einstein, *Lettres à Maurice Solovine*, Paris, Gauthier-Villars, 1956, p. 28.

> *L'expérience peut bien entendu nous guider dans notre choix des concepts mathématiques à utiliser, mais il n'est pas possible qu'elle soit la source d'où ils découlent. C'est dans les mathématiques que réside le principe vraiment créateur. En un certain sens, donc, je tiens pour vrai que la pensée pure est compétente pour comprendre le réel, ainsi que les Anciens l'avaient rêvé.*[1]

En la matière, les prochaines décennies, toutes gorgées d'intelligence dite « artificielle » de *very big data*, viendront-elles contredire la pertinence de cet avis ?

En attendant de le savoir, revenons sur un cas où ce sont précisément des arguments purement mathématiques qui ont permis de comprendre l'origine d'une propriété en apparence évidente des particules élémentaires : leur simple masse.

1. Albert Einstein, « On the Method of Theoretical Physics », conférence prononcée à Oxford (Herbert Spencer Lecture, 1933) ; reprise in *The World as I see it*, Londres, John Lane, 1935 ; reprise en français sous le titre *Comment je vois le monde*, trad. M. Solovine, Paris, Flammarion, 1958, p. 147.

Les leçons philosophiques d'un petit boson

Les masses sont les véritables héros.

Mao-Tsé-toung

« Soyons réalistes, demandons l'impossible », écrivait-on en Mai 68 sur les murs de Paris. La devise des physiciens, révolutionnaires eux aussi, mais à leur particulière façon (quand ils lancent des pavés, c'est en général dans la mare des idées reçues), pourrait bien s'écrire comme une sorte de contraposée de ce slogan : « Soyons impossibles, demandons la réalité. »

Il y a au moins deux façons de justifier cette étrange suggestion.

La première tient à ce que, en effet, les physiciens « demandent la réalité », au sens où ils cherchent à déterminer en quoi celle-ci consiste vraiment : quels sont ses attributs authentiques ? Par quoi se caractérise-t-elle ? De quels « éléments de réalité » est-elle constituée ? Nous est-elle intelligible ? Accessible ? Quelles sont ses lois ?

La seconde justification, plus subtile, renvoie au parti pris de la physique dite « moderne », qui joue dialectiquement avec l'idée d'impossibilité : elle rend compte de la réalité grâce à des lois qui semblent contredire ce que la réalité montre spontanément d'elle-même !

Notons d'abord que cette physique moderne a conservé quelque chose de la démarche platonicienne : le réel immédiat n'est admis et compris que pour autant qu'il puisse être considéré comme l'expression d'un second réel, d'une autre nature, plus profonde, plus secrète, qui donne les clés de l'explication du premier. Par un jeu de correspondances entre le visible et l'invisible, entre le concret et l'abstrait, la présence des choses se trouve remplacée par sa mise en concepts, en général d'essence mathématique.

Ainsi, lorsqu'il formule la première loi de la « physique mathématique » à propos de la chute des corps, Galilée fait abstraction de toutes les caractéristiques particulières des objets, qui pourtant s'imposent à notre perception (forme, matériaux, masse), ainsi que de la résistance de l'air, pour réduire le problème à celui de la relation entre la durée de la chute et la vitesse acquise par le mobile. Ce détour par le formalisme, qui concentre l'attention sur un petit nombre de paramètres dont les rapports peuvent s'exprimer par le biais d'une équation simple, s'avérera par la suite constituer un stratagème surpuissant : évitant la rencontre frontale avec les phénomènes tels qu'ils se donnent spontanément et globalement, il permet d'aboutir à une loi qui vient contester l'observation directe, voire la bafoue. À rebours de ce que nous voyons d'ordinaire (les vitesses de chute sont différentes selon les corps du fait de la présence de l'air de l'atmosphère terrestre), tous les corps tombent en réalité de la même façon, avec rigoureusement la même vitesse, quelles que soient leur masse et leur composition, mais cela ne peut se voir que si l'on fait le vide...

C'est ainsi que, depuis quatre siècles, la physique ne cesse de s'opposer à l'intuition, de ridiculiser les simili-vérités qui s'imposent trop facilement à notre esprit, de pulvériser certaines évidences proclamées.

Le philosophe Alexandre Koyré est sans doute celui qui a le mieux décrit le nœud de toute cette affaire : il expliquait que le pari de la physique moderne, à rebours de celle d'Aristote, consiste à vouloir « expliquer le réel par l'impossible »...

Qu'est-ce à dire ?

Alexandre Koyré prenait l'exemple, non pas de la chute des corps, mais du principe d'inertie, selon lequel, en l'absence d'influence extérieure, tout corps perdure dans un mouvement rectiligne et uniforme. Autrement dit, pour comprendre l'amortissement systématique du mouvement des corps que nous observons dans le monde empirique, sommes-nous priés par ce principe d'envisager l'idéal d'un mouvement qui ne s'amortit pas, d'un mouvement « inertiel », que personne n'observe jamais tel quel et qui nous semble de ce fait impossible, antinaturel ? Alexandre Koyré écrit précisément :

> *Le concept galiléen du mouvement nous paraît tellement naturel que nous croyons même que la loi d'inertie dérive de l'expérience et de l'observation, bien que, de toute évidence, personne n'a jamais pu observer un mouvement d'inertie pour cette simple raison qu'un tel mouvement est entièrement et absolument impossible. […] Nous ne sommes plus conscients du caractère paradoxal de la décision de Galilée de traiter la mécanique comme une branche des mathématiques, c'est-à-dire de substituer au monde réel de l'expérience quotidienne*

> *un monde géométrique hypostasié et d'expliquer le réel par l'impossible.*[1]

La plupart des lois physiques contredisent en effet l'observation directe aussi bien que l'intuition ou l'opinion, de sorte qu'elles semblent souvent absurdes au premier abord, irréalistes lorsqu'on les entend énoncées pour la première fois. Pour les saisir, il ne faut donc pas se fier à l'observation directe, ni à une prétendue rationalité qui serait définie *a priori* (en tout cas pas seulement à ces deux références), mais inventer un moyen de trouer l'écran du sensible pour distinguer le plan intelligible qu'il recouvre.

Chacun le sait : depuis Galilée, en vertu du *credo* que la nature, la « vraie », est écrite « en langue mathématique »[2], les physiciens écrivent des équations. Des équations et des formules de toutes sortes. Est-ce par simple souci de concision, de précision, d'économie ? Certainement pas. En tout cas, pas seulement. Le rôle des mathématiques ne se limite pas pour eux à une simple sténographie du réel, qui consisterait à écrire de façon abrégée des relations que l'on pourrait tout aussi bien expliciter dans le langage de tous les jours si l'on disposait de davantage de temps et de place. Il s'agit en réalité d'un tout autre langage que le langage ordinaire, d'un idiome singulier qui met justement en crise les mots du langage parlé, mais qui permet de définir des entités nouvelles, de formaliser des concepts abstraits, parfois impossibles à figurer à par-

1. Alexandre Koyré, *Études d'histoire de la pensée scientifique*, Paris, PUF, 1966, p. 166.

2. Galilée, *L'Essayeur*, 1623, trad. Ch. Chauviré, Paris, Les Belles Lettres, coll. « Annales littéraires de l'université de Besançon », 1980, t. I, p. 232.

tir des images que nous propose la réalité observable. Du coup, les « choses » dont parlent les physiciens ne sont pas palpables comme sont les choses ordinaires : leur matérialité concrète et dure, leur corporéité tangible semblent s'être toutes deux dissoutes sous les traits d'équations éthérées. Tout s'est passé comme si Pythagore avait fini par détrôner Démocrite, comme si des entités purement mathématiques, sans ontologie fermement inscrite dans le monde observable, étaient parvenues à « avaler » les solides atomes d'autrefois et, avec eux, l'intégralité du réel empirique.

Si l'on prend le temps d'un peu y réfléchir, il y a là quelque chose d'extraordinaire, de presque miraculeux : les mathématiques (du moins celles qui servent au physicien) se révèlent capables de prédire ce qui se passe dans la réalité, alors même qu'elles se contentent de suivre des règles qui leur sont propres et qui n'ont *a priori* rien à voir avec le réel... D'où tirent-elles pareil pouvoir ? Pour le dire avec les mots d'Einstein lui-même :

> *Comment est-il possible que la mathématique, qui est un produit de la pensée humaine et est indépendante de toute expérience, puisse s'adapter d'une si admirable manière aux objets de la réalité ? La raison humaine serait-elle capable, sans avoir recours à l'expérience, de découvrir par la pensée seule les propriétés des objets réels ?*[1]

C'est à ce rôle déterminant que jouent les mathématiques dans le champ de la physique que celle-ci

1. Cité par René Boirel, « Les applications des mathématiques » in *Les Mathématiques*, Paris, Retz-CEPL, 1973-1975, Les Encyclopédies du savoir moderne, p. 184.

doit sa puissance révolutionnaire. Des raisonnements construits à partir de ce qu'indiquent les équations peuvent conduire à des remises en cause radicales de ce qui était considéré comme absolument certain : une nouvelle perspective surgit alors, qui condamne à mort une portion du vieux monde. Chaque fois, cela provoque un renversement de la pensée.

Et même une sorte de vertige intellectuel lorsque c'est le concept de masse, sans doute le plus ancien de la physique, qui se trouve au cœur de l'affaire, comme cela s'est récemment produit : d'un coup d'un seul, à cause d'équations venues la chahuter depuis une sorte d'arrière-monde, elle a perdu ses vieux parfums d'évidence.

Dans notre esprit, les notions de masse et de matière apparaissent inéluctablement solidaires, comme intriquées l'une à l'autre en notre esprit : d'abord, nous ne parvenons pas à concevoir une chose matérielle qui serait sans masse (ce serait plutôt un ange, n'est-ce pas ? Ou un fantôme ?) ; ensuite, nous peinons à imaginer une masse qui ne serait pas incarnée en choses matérielles plus ou moins petites. La masse semble être ainsi une propriété évidente des objets matériels, une grandeur physique dépourvue de mystère, à la fois *mesurable* (en kilogrammes) et *mesurante* (elle jauge par un nombre la « substantialité » d'un corps).

Que pourrait-on jamais trouver à redire à cette façon de la considérer ? En apparence, rien, mais à l'examen, beaucoup de choses. Car ce que les physiciens savent désormais, c'est qu'au lieu d'être une propriété primitive des particules de matière dites « élémentaires », une caractéristique qu'elles porteraient « de par elles-mêmes », qu'elles possèderaient du seul fait qu'elles existent, la masse apparaît plutôt comme n'étant qu'une propriété secondaire et indirecte résultant de l'interaction desdites particules avec... le vide ! Vide, qui, en fait, n'est pas vide, mais habité : il contient notamment de quoi engendrer la masse des particules élémentaires, c'est-à-dire l'inertie par laquelle elles résistent aux forces qui s'appliquent à elles.

Pour comprendre comment une telle chose a pu se révéler, il faut rappeler quelques étapes de l'histoire générale du concept de masse.

C'est Isaac Newton qui, le premier, a introduit le concept de masse au sens moderne du mot, en commençant par faire une distinction entre poids et masse, deux notions que le langage commun confond encore souvent : le poids est une force, la force gravitationnelle qui résulte de ce que chaque atome d'un corps est attiré par chacun des atomes de la terre. À tout seigneur tout honneur, l'intensité de cette force s'exprime en *newtons* (et non pas en kilogrammes, qui mesurent, eux, la valeur d'une masse). Si un corps est transporté depuis la Terre jusque sur la Lune, sa masse ne change pas puisque ses constituants demeureront les mêmes, mais son poids sera diminué puisque la Lune, de moindre masse que la Terre, contient moins d'atomes exerçant une attraction sur ceux du corps.

La masse d'un corps apparaît comme une sorte d'étiquette qu'il porte et par laquelle il se signale au champ de gravitation localement présent et qui, instantanément, agit sur lui en le soumettant à une force (qui est précisément son poids). Mais – chose étonnante –, la trajectoire d'un corps dans un champ de gravitation ne dépend pas de... sa masse ! Certes, c'est bien la masse d'un corps particulier qui le fait choir, mais il tombe de la même façon que tous les autres corps massifs. Ainsi, les plus lourds chutent exactement comme les plus légers.

Pour être tout à fait précis, la masse dont nous parlons ici s'appelle la masse *grave*. C'est elle qui connecte le poids d'un corps à l'accélération qu'il subit quand il tombe. Mais Newton a établi qu'il existe une autre sorte de masse, la masse *inertielle* qui, elle, mesure la difficulté qu'il y a à mettre en mouvement un corps au repos ou à arrêter un corps en mouvement. *A priori*, les masses inertielle et grave devraient être deux choses ontologiquement différentes, sans aucun rapport mutuel. Pourtant, Newton a noté que si l'on choisit bien le système d'unités, leurs valeurs numériques deviennent rigoureusement égales. Il prit acte de ce résultat, sans parvenir à en donner une interprétation satisfaisante. Einstein s'en chargera plus tard, en 1907, en énonçant le « principe d'équivalence[1] », par lequel les masses grave et inertielle sont non seulement numériquement égales, mais deviennent aussi physiquement identiques : les deux masses, apparues dans des problématiques différentes, n'en font en réalité qu'une. Cette identité a des conséquences surprenantes : elle implique, par exemple, que si l'on remplaçait la Terre par une

1. En 1907, Einstein a postulé une équivalence entre accélération et gravitation : une accélération peut soit effacer un champ gravitationnel réel, soit créer l'apparence d'un champ gravitationnel là où il n'y en a point. En conséquence de ce principe d'équivalence, une personne se trouvant dans une cabine d'ascenseur sans fenêtre ne saurait dire si la cabine est au repos dans un champ gravitationnel ou si elle est hors de tout champ gravitationnel, mais tirée dans une certaine direction avec une accélération constante. Dans les deux cas, cette personne sentirait ses pieds plaqués au « plancher » et, si elle lâchait un objet, il tomberait exactement comme il le fait sur Terre.

cacahuète, celle-ci décrirait exactement la même orbite que notre planète autour du Soleil...

Par la suite, une autre chose étonnante a été révélée par les physiciens. Dans la vie courante, on admet volontiers que la masse d'un objet est égale à la somme des masses de ses constituants : la masse d'un sac de billes n'est-elle pas égale à la masse d'une bille multipliée par le nombre de billes, augmentée de la masse du sac ? Certes, mais il est apparu que pareil raisonnement ne doit pas être poursuivi trop loin. La masse d'une bille – ou d'un corps humain, ou de n'importe quel objet composite – est en réalité bien plus élevée que la somme des masses des particules élémentaires qui la composent. Cela provient du fait qu'à l'intérieur d'un corps, les particules élémentaires, notamment les quarks, interagissent fortement au sein des protons et des neutrons. Or, à leur énergie d'interaction est associée (par $E = mc^2$) une masse effective qui représente plus de quatre-vingt-dix pour cent de la masse totale. En clair, la masse d'un corps doit davantage à la danse frénétique des particules qu'il contient qu'aux masses propres de celles-ci...

Mais venons-en au fait principal, c'est-à-dire à la grande révolution qui a touché notre compréhension de l'origine de la masse et qui a valu à deux physiciens théoriciens, François Englert et Peter Higgs, d'obtenir le prix Nobel de physique en 2013. Pour la comprendre, il faut revenir sur la façon dont sont aujourd'hui comprises les interactions fondamentales entre particules.

Selon la physique classique, c'est-à-dire celle de Newton et de Maxwell, si une particule agit sur une autre, c'est qu'un champ, engendré par la première, agit sur la seconde. Par exemple, un électron, du fait qu'il porte une charge électrique, crée autour de lui un champ électromagnétique, qui se manifeste par le biais d'une force s'exerçant sur les autres particules électriquement chargées présentes dans le voisinage. Mais cette conception a dû être revue afin de tenir compte des enseignements de la physique quantique. Dans ce nouveau cadre, l'interaction entre deux particules ne se fait plus par l'entremise d'un champ : il faut que « quelque chose » soit échangé, et ce quelque chose est une particule caractéristique de l'interaction mise en jeu. Autrement dit, une interaction ne s'exerce entre deux particules que par l'échange d'une troisième, qu'en termes savants on appelle le « boson de jauge » de l'interaction.

La relation entre les objets devient elle-même une affaire d'objets...

Par exemple, lorsque deux électrons se repoussent du fait de la force électrique qui tend à les éloigner l'un de l'autre, il faut imaginer qu'en réalité ils échangent des particules, qui sont en l'occurrence des particules de lumière, c'est-à-dire des photons[1].

Une métaphore aidera ici à mieux comprendre le mécanisme. Imaginons deux barques sur un lac, dont chacun des occupants est démuni de toute espèce d'objet qui pourrait l'aider à diriger son embarcation (il n'a ni rames, ni pagaies, ni perches). Supposons que les deux barques se dirigent l'une vers l'autre de telle sorte que la collision paraisse inévitable. Inévitable ? Pas tout à fait. Car si l'un des occupants dispose d'un objet massif, par exemple d'une balle, et le lance avec vigueur au passager de l'autre barque, qui le lui renverra et ainsi de suite, les deux embarcations s'écarteront peu à peu

1. Ces photons sont alors dits « virtuels », mais nous n'entrerons pas dans ces raffinements dont la prise en compte n'est pas ici essentielle.

l'une de l'autre. Par l'entremise d'un médiateur spatial, en l'occurrence la balle, la succession des lancers créera une force répulsive capable de modifier les trajectoires.

Bien qu'approximative, donc critiquable, cette image permet en outre de comprendre une chose importante : puisqu'une balle très massive condamne à ne faire que des passes courtes, la portée d'une interaction (c'est-à-dire son rayon d'action) sera d'autant plus faible que la masse de ses particules médiatrices sera plus élevée. Par exemple, dans le cas de l'électromagnétisme que nous venons d'évoquer, la masse des photons (qui sont les balles de l'interaction) étant nulle, la portée est infinie.

Quatre interactions fondamentales ont été identifiées à ce jour par les physiciens : la gravitation, l'interaction électromagnétique et les deux interactions nucléaires ; l'une dite « faible », est capable de changer la nature d'une particule, par exemple de transformer un neutron en proton (avec émission d'un électron et d'un neutrino) ; l'autre dite, « forte », agit comme une sorte de glu collant fortement les protons et les neutrons au sein des noyaux d'atomes (à une échelle plus petite, elle lie entre eux les quarks qui constituent les protons et les neutrons). Au cours des années 1970, les physiciens ont pu démontrer que la force électromagnétique et l'interaction nucléaire faible n'étaient pas indépendantes l'une de l'autre, bien qu'elles soient phénoménologiquement très dissemblables en apparence : dans un passé très lointain de l'univers, elles ne faisaient en réalité qu'une seule et même force, dite « électrofaible », qui s'est par la suite dissociée : d'un côté l'interaction électromagnétique, dotée d'une portée infinie ; de l'autre, l'interaction nucléaire faible telle que nous la connaissons, dotée, elle, d'une portée très courte (moins de 10^{-15} mètre). Ils ont ensuite pu étendre ce type de considération à l'interaction nucléaire forte. Le résultat de leurs travaux constitue le « modèle standard » de la physique des particules : grâce aux équations qui le constituent, on peut décrire très précisément comment les particules élémentaires interagissent entre elles sous l'effet des forces électromagnétiques et nucléaires (la gravitation étant laissée hors cadre). Ses prédictions ont pu être très finement testées grâce à de très nombreuses expériences menées auprès des accélérateurs ou des collisionneurs de particules.

Dans la profondeur de ses axiomes, ce modèle standard s'appuie astucieusement sur le concept de symétrie. On dit d'une chose qu'elle est symétrique si, après avoir été soumise à une certaine transformation, son apparence n'est pas modifiée. Par exemple, si je fais subir à une boule parfaitement sphérique une rotation de n'importe quel angle autour de n'importe quel axe passant par son centre, cela ne change ni sa forme ni même sa position. Dans le monde des particules élémentaires, les symétries intéressantes opèrent non pas dans l'espace ordinaire, comme dans l'exemple que nous venons de citer, mais au sein de structures mathématiques plus abstraites. Elles apparaissent comme étant directement liées à la façon qu'ont les systèmes physiques de se comporter sous l'effet d'une force, et c'est pourquoi il peut se révéler très fructueux d'identifier les symétries qui gouvernent telle ou telle catégorie de phénomènes. C'est ce qu'ont fait les physiciens, qui ont ensuite étendu et radicalisé cette démarche : à chacune des interactions fondamentales, ils ont fait correspondre un groupe de symétrie spécifique, c'est-à-dire un groupe de transformations dont l'action est sans effet sur la dynamique des phénomènes concernés, et ils ont établi que la structure de ce groupe, dès lors qu'il est bien choisi, suffit à déterminer toutes les modalités de l'interaction en question. Au bout du compte, la notion de symétrie apparaît plus fondamentale que celle d'interaction, puisque c'est de la première qu'on peut déduire les caractéristiques de la seconde.

Par exemple, dans le formalisme du modèle standard, le seul fait d'associer l'interaction électromagnétique à l'ensemble des nombres complexes de module égal à un[1] permet de déduire toutes ses propriétés, notamment le fait que la balle de l'électromagnétisme est le photon.

Cette correspondance formelle, presque magique, entre symétries et interactions s'est révélée très efficace du point de vue des prédictions qu'elle permettait de faire, mais elle a fini par engendrer un problème irritant : les symétries ainsi mises en avant impliquaient que les particules médiatrices de toutes les interactions (les balles) devaient avoir… une masse rigoureusement égale à zéro ! C'est effectivement le cas du photon, le médiateur de l'interaction électromagnétique dont la portée est infinie, mais pas du tout de celui des balles qui médiatisent l'interaction nucléaire faible, puisque celle-ci est de portée très courte ! Leur masse vaut de l'ordre de cent fois celle d'un proton !

Apparut ainsi un désaccord flagrant, donc impossible à dissimuler sous quelque tapis persan, entre la théorie (les calculs) et l'expérience (les mesures). Évidemment, il sema un grand trouble dans les esprits, venant poser un problème qui est d'un type récurrent dans l'histoire de la physique : que faire lorsque le résultat d'une expérience ou d'une observation contredit

1. L'ensemble des nombres complexes de module égal à un forment un groupe noté U(1). Il est composé des nombres s'écrivant sous la forme $\exp(i\alpha)$, où α est un nombre réel quelconque.

les prédictions d'une théorie par ailleurs solidement éprouvée ? À chaque fois, deux hypothèses de portées radicalement différentes peuvent être envisagées :

- La première consiste à considérer que les lois physiques sur lesquelles s'étaient appuyées les prédictions théoriques ne sont pas aussi exactes qu'on l'avait cru. Dans ce cas, la solution du problème ne peut être que de nature *législative* : il faut corriger les lois physiques, voire bâtir une nouvelle théorie radicalement différente de celle qui se trouve là mise en défaut. Par exemple, l'anomalie constatée au XIXe siècle de l'avance du périhélie de la planète Mercure n'a été résolue que grâce à l'élaboration, en 1915, d'une nouvelle théorie de la gravitation, la relativité générale d'Einstein.
- La seconde consiste à prendre pleinement acte de la remarque d'Alexandre Koyré : « le pari de la physique moderne consiste à expliquer le réel par l'impossible ». On continue donc à faire confiance aux lois physiques, sans doute plus intelligentes que nous, alors même qu'elles sont en apparence contredites par le réel empirique, mais on modifie, à partir d'elles, l'interprétation du phénomène qui est venu les contester. Par exemple, on postule qu'il existe une « entité » ou une « substance » non encore découverte dont l'existence permettrait d'annuler le désaccord entre la théorie et l'expérience. La solution consiste alors à compléter le *mobilier ontologique* de l'univers, c'est-à-dire l'ensemble des choses supposées exister en son sein, au nom de l'universalité de lois physiques bien établies par ailleurs. C'est par exemple ce type d'hypothèse qui a permis la prédiction de

l'existence d'une nouvelle particule, le neutrino, en 1930 : une certaine réaction nucléaire (la transformation d'un neutron en un proton) semblait ne pas respecter la loi de conservation de l'énergie ; plutôt que de déclarer, comme la plupart de ses collègues, que cette dernière était expérimentalement violée par ce phénomène, un jeune physicien, Wolfgang Pauli, s'appuya sur cette loi canonique de la physique pour émettre l'hypothèse qu'une particule encore inconnue (qui deviendra le neutrino) emportait l'énergie manquante ; la suite de l'histoire lui donnera raison[1].

Aucune de ces deux hypothèses, c'est-à-dire ces deux sortes de solutions envisageables, ne peut être écartée *a priori.* L'histoire de la physique montre en effet que certaines crises ont été résolues de façon législative, d'autres par des ajouts ontologiques.

Ce qui rend l'affaire du « problème de la masse » au sein du modèle standard si intéressante d'un point de vue épistémologique, c'est le fait que sa solution mélange subtilement les deux options. Durant l'été 1964, François Englert et Robert Brout, de l'université libre de Bruxelles, puis, de façon indépendante, Peter Higgs, de l'université d'Édimbourg, ont proposé

1. L'existence du neutrino fut confirmée vingt-cinq ans après sa prédiction théorique, par deux jeunes Américains, Frederick Reines et Clyde Cowan, qui surent profiter du très haut flux de neutrinos émis par le cœur du premier réacteur nucléaire américain, à Savannah River en Caroline du Sud, pour en capturer quelques-uns. Le 14 juin 1956, les deux physiciens envoyèrent un télégramme à Wolfgang Pauli : « Nous sommes très heureux de vous annoncer que nous sommes parvenus à détecter des neutrinos émis par des fragments de fission. » Le père du neutrino leur répondit aussitôt : « Merci pour le message *stop* tout vient à point à qui sait attendre *stop* Wolfgang Pauli ».

une solution à la fois ontologique *et* législative : elle consistait, d'une part, à postuler l'existence d'un champ quantique emplissant tout l'espace (ajout ontologique), d'autre part, à décrire comment les particules élémentaires, effectivement sans masse, interagissent plus ou moins fortement avec ce champ, ce qui a pour effet de ralentir leurs mouvements de la même façon que si elles avaient une masse (ce qui correspond à une nouvelle loi physique qui bouleverse notre façon d'associer particules élémentaires et masse).

Selon cette conception, la masse ne serait donc qu'une propriété secondaire des particules élémentaires, résultant du fait qu'elles se frottent au vide, plus exactement au champ qu'il est supposé contenir, appelé « le champ scalaire de Higgs ». On osera ici une seconde analogie : tout se passe comme si les particules élémentaires étaient des objets sans masse ainsi que l'indiquent les équations du modèle standard, mais dotées de skis et se déplaçant sur un champ de neige qui serait l'équivalent du champ scalaire de Higgs ; les particules ayant des skis parfaitement fartés se déplacent sans frottement, donc à la vitesse de la lumière, et leur masse apparente est nulle ; celles dont les skis sont mal fartés glissent mal sur la neige, leur vitesse est moindre que celle de la lumière et leur masse apparaît non nulle. La masse correspond en somme à une mesure de la mauvaise qualité du fartage des skis des particules...

C'est cette idée dûment mathématisée par Brout, Englert et Higgs qui s'est trouvée brillamment confirmée par la mise en évidence, grâce au LHC en 2012, du boson de Higgs, qui n'est autre que la particule associée au champ éponyme.

Depuis qu'il est expérimentalement acquis que le boson de Higgs existe bel et bien, les notions de matière et de masse, depuis longtemps amalgamées, devraient être pensées séparément l'une de l'autre : la notion de masse s'est en quelque sorte *désubstantialisée*, tandis que celle de matière s'est encore un peu plus *déchosifiée*...

Loin de ne concerner que le monde microscopique, les implications de la découverte du boson de Higgs sont également cosmologiques, donc pas loin d'être philosophiques. La solution proposée par les trois physiciens qui ont envisagé l'existence de cette nouvelle particule consistait en effet à invoquer une « brisure spontanée de symétrie » qui aurait agi très tôt dans l'histoire de l'Univers. Qu'est-ce donc que cela ? Une affaire très compliquée en vérité, mais à propos de laquelle on peut risquer, là encore, une analogie à peu près acceptable : posons une bille au fond d'une bouteille, autrement dit sur son « cul », dont le profil ressemble à celui d'une bosse ; parmi toutes les positions possibles, la plus symétrique est celle située au centre, c'est-à-dire à l'endroit le plus haut ; mais cette position est si instable que, si on la pose là, la bille roulera vite vers le bord, en suivant une direction quelconque (vers la droite, vers la gauche, vers l'avant ou vers l'arrière) ; la position finale qu'elle occupera sera moins symétrique que sa position initiale (elle aura suivi une direction particulière, alors que toutes les directions étaient au départ équivalentes), et son énergie finale sera aussi plus faible qu'au départ (puisque, en tombant vers une position plus basse, elle aura perdu de l'énergie potentielle). On a donc là l'exemple d'un système dont la dynamique propre a tendance à réduire (au sens de diminuer) la symétrie qu'il avait au départ : l'état final, celui de moindre énergie, est moins symétrique que l'état initial. C'est ce type de phénomènes que les physiciens appellent une « brisure spontanée de symétrie ».

L'idée générale tient en somme en ce que certaines configurations ne sont pas aussi symétriques que ce que laisse penser la façon de les décrire. Une ultime analogie nous aidera à finir par comprendre. En certains lieux, on trouve (paraît-il) des jeunes filles en quête de maris et des maris en quête de jeunes filles. Décrite de cette façon, la situation semble faire jouer aux jeunes filles et aux maris des rôles parfaitement équivalents, « symétriques » en un sens, alors que la réalité est quelque peu différente : si les maris cherchent bien des jeunes filles qui soient encore des jeunes filles, celles-ci cherchent des hommes qui ne soient pas déjà des maris... L'apparente symétrie de la présentation est brisée dans la réalité qu'elle vise à décrire. Bien sûr, chacun aura compris que cette analogie n'est pas parfaite, car elle s'appuie en réalité sur une formulation inexacte : il faudrait dire que les jeunes filles cherchent non des maris, mais de futurs maris...

Reste qu'à l'issue d'une telle brisure spontanée de symétrie intervenue dans l'univers primordial, l'interaction électromagnétique et l'interaction nucléaire faible, jusque-là confondues et médiatisées par quatre balles de masse nulle (trois plus une), se sont brusquement différenciées ; elles sont devenues, l'une et l'autre, telles que nous les connaissons aujourd'hui, la première avec une portée infinie et une balle médiatrice de masse nulle, la seconde avec une portée très courte et trois balles médiatrices massives.

Peu de temps après le big bang, lorsque l'univers était extrêmement dense et très chaud, les particules n'avaient pas encore de masse : tels des anges véloces ou de fort rapides fantômes, elles se propageaient dans le vide à la vitesse de la lumière ; puis le champ scalaire de Higgs s'est soudainement installé dans tout l'espace, conférant aux particules couplées à lui une masse non nulle qu'elles ont conservée par la suite. Cet événement marquant a eu un autre effet majeur, celui de déclencher le « temps propre » des particules (car selon la théorie de la relativité d'Einstein, seuls les référentiels associés à une masse non nulle sont dotés d'un temps propre). Une horloge de la matière s'est en somme mise en marche, que nous n'hésiterons guère à surnommer *l'horloge des anges ici-bas* après que nous aurons constaté que l'anagramme de cette expression se trouve justement être *le boson scalaire de Higgs*...

Masse, matière, temps, espace : tout est donc différent, mais, par quelque tissu conjonctif, tout ne se tiendrait-il pas d'une façon impossible à défaire ?

Le monde fait-il bloc avec lui-même ?

La meilleure connaissance possible d'un système n'implique pas celle de chacune de ses parties. C'est cela qui nous hante.[1]

Erwin Schrödinger

Dans le duel entre le monde et toi, assiste le monde.

Franz Kafka

Dans *Les Grammaires de l'intelligence*, Jean-Marc Ferry faisait le juste constat suivant : « La philosophie contemporaine se réclame d'une pensée post-métaphysique, mais il est une question métaphysique dont elle ne se débarrasse pas : qu'est-ce que le réel[2] ? ». Cette question en implique aussitôt une autre qui est, en définitive, celle de la vérité : qu'est-ce qui nous fonde à penser que ce que nous nous représentons correspond bien à la réalité ?

1. Erwin Schrödinger, « La situation actuelle en mécanique quantique », in *Physique quantique et représentation du monde*, Paris, Seuil, 1992, p. 138.
2. Jean-Marc Ferry, *Les Grammaires de l'intelligence*, Paris, Cerf, 2004, p. 7.

Selon les Anciens, pour connaître le réel, il fallait s'élever au-dessus des apparences et, par l'exercice de la contemplation, accéder à la connaissance vraie des essences. La physique moderne a grandement contribué à renverser cette perspective : elle fit le pari que nous disposons, pour ce qui concerne l'essence des choses, d'un mode de connaissance capable de nous livrer des vérités rationnelles, susceptibles de s'imposer à tout esprit. Et ce mode de connaissance exact et idéal, ce ne sont ni l'observation du monde ni la contemplation qui le prescrivent, ni les livres existants, ni les théories enseignées : ce sont les mathématiques, qui permettent de formuler des lois qui seront ensuite validées ou invalidées par des expériences spécifiques.

Bien sûr, ces choses ne furent pas comprises en un jour. Il y eut plusieurs étapes cruciales.

Ainsi, selon les tout premiers créateurs de la physique moderne, Galilée, Descartes et quelques autres grands, toute description du monde physique devait être formulée au moyen des seuls concepts de position, figures et mouvement. Ces concepts « clairs et distincts », que l'auteur du *Discours de la méthode* considérait d'ailleurs comme innés, nous sont en tout cas devenus si familiers qu'ils continuent d'irriguer notre façon d'envisager et d'évoquer la plupart des objets physiques.

Songeons aux grosses molécules que manipulent les biologistes. Par la pensée, nous n'hésitons pas à leur attribuer des formes précises et une structure bien déterminée en termes d'atomes. Nous les dessinons même, ou en traçons des représentations schématiques. Bref, nous les traitons un peu comme s'il s'agissait de pièces d'un jeu de construction, chacune étant supposée isolable des autres éléments de réalité, occuper une position précise dans l'espace et, si elle est en mouvement, suivre une trajectoire bien déterminée dans l'espace. Pourtant, le XXe siècle a clairement montré que ce « mécanicisme », certes un peu naïf, doit être dépassé, et même doublement dépassé. Sans doute s'agit-il de la « découverte philosophique négative » la plus importante qu'ait jamais apportée la physique du XXe siècle. Elle mérite donc d'être racontée en conclusion de ce livre (surtout la seconde phase de ce dépassement), de la façon la plus limpide possible.

En 1905, Albert Einstein a 26 ans. Il élabore sa théorie de la relativité restreinte, qui établit un lien fondamental entre l'espace et le temps, rassemblés désormais au sein de ce qui sera nommé l'espace-temps, et qui a pour conséquence une formule universelle à la simplicité désarmante : $E = mc^2$. Dix années plus tard, le même Einstein, aidé par des amis mathématiciens, mettra la touche finale à sa théorie de la relativité générale, qui est une conception révolutionnaire de la gravitation.

Ces deux théories sont superbement efficaces, au sens où, à ce jour, aucun résultat expérimental n'est venu les contester. Étant également contre-intuitives, violemment contradictoires avec l'expérience commune qu'elles obligent à interroger et à réinterpréter, elles démontrent, de par leur structure même, que les concepts familiers ne sont pas les mieux adaptés à la compréhension du monde physique, qu'ils sont même trompeurs et doivent être remplacés par des concepts mathématiques, souvent sophistiqués, qui donnent à la physique toute sa vertigineuse puissance. Il en résulte même « une forte apparence de profondeur[1] », comme eût dit Simone Weil.

1. Simone Weil, « À propos de la théorie des quanta », in *Œuvres*, Paris, Quarto Gallimard, 2003, p. 584.

Ainsi, la formule $E = mc^2$ a permis de prévoir des phénomènes à la fois extravagants et bel et bien réels. Par exemple, que l'énergie cinétique de deux particules entrant en collision peut se transformer intégralement en d'autres particules. Pareil phénomène ne saurait s'interpréter à partir des concepts auxquels nous sommes habitués, car, décrit seulement avec eux, il correspondrait alors à une situation pour le moins étrange : une propriété d'un objet, en l'occurrence la vitesse des particules incidentes, serait capable de se transformer en d'autres objets, en l'occurrence de nouvelles particules ! C'est un peu comme si l'on voulait nous faire croire que la hauteur de la tour Eiffel, qui n'est qu'un attribut de cet édifice, pouvait se transformer en l'Arc de triomphe et en deux ou trois colonnes Morris… Ou que la vitesse d'un tracteur, à l'occasion d'un carambolage, pouvait céder la place à une trottinette et une paire de patins à roulettes… Quant à la théorie de la relativité générale, contrairement à ce que nous apprenons à l'école en utilisant des notions assez facilement accessibles, elle avance que la gravitation n'est pas une véritable force, mais une manifestation locale de la courbure de l'espace-temps ! La géométrie de l'univers, argumente-t-elle, se trouve déformée, courbée par les masses qu'il contient et, en retour, cette géométrie pilote le mouvement des objets matériels. Dans cette perspective, le mouvement de la Terre autour du Soleil ne résulte plus de l'action instantanée de la force de gravitation invoquée par Newton, mais se trouve guidé le long d'une trajectoire déterminée par la présence déformante du Soleil. Un siècle plus tard, reconnaissons que cette révolution conceptuelle persiste à nous sembler étrange, et même franchement mystérieuse. Ainsi, lorsque nous faisons tomber une pierre à nos pieds, nous persistons à considérer que c'est la Terre qui l'attire vers le sol, alors qu'en réalité, à rebours des images qui nous viennent à l'esprit, la Terre distord l'espace en son voisinage, d'une façon que seules les équations permettent d'appréhender, et la pierre se contente de glisser le long d'une sorte de toboggan de l'espace-temps...

Le mécanicisme classique a ainsi été détrôné par ce que Bernard d'Espagnat a baptisé l'« einsteinisme », qui consiste en l'idée que la réalité est structurée, qu'elle n'est pas atteignable au moyen des seuls concepts familiers, mais que, cependant, « grâce aux mathématiques qui fournissent les bons concepts, elle est connaissable et intelligible ».

Chacun d'entre nous conçoit aisément que cet einsteinisme constitue déjà un changement radical par rapport au mécanicisme cartésien qui irrigue et formate nos pensées ordinaires. Il représente même la première étape de son dépassement puisqu'il interdit d'imaginer le monde physique comme l'analogue d'un vieux chronomètre, composé de roues dentées de toutes dimensions, que les physiciens se contenteraient de décortiquer.

Mais le point crucial, la seconde étape du dépassement, tient en la suite de l'histoire, qui a mis à mal la solidité de l'einsteinisme compris en ce sens.

Voyons comment.

Comme beaucoup d'autres physiciens, Albert Einstein s'émerveillait de la capacité qu'ont les mathématiques à mordre si efficacement sur la réalité physique. Mais par quoi, se demandait-il, les objets « réels » se caractérisent-ils donc ? Pouvons-nous les saisir tels qu'ils sont en eux-mêmes ou ne nous sont-ils jamais livrés qu'accompagnés d'une partie de nous-mêmes, par exemple de l'idée préconçue que nous nous faisons d'eux ?

Au cours des années 1920, la physique quantique se mettait sur pied, afin de rendre compte du comportement bizarre (au regard des lois de la physique classique) des atomes et des particules. Des concepts radicalement neufs furent là inventés, qui conduisirent les physiciens à penser autrement la matière et ses interactions. Au bout du compte, une décennie d'effervescence créatrice et d'intense labeur aura suffi pour qu'un petit nombre d'entre eux, tous jeunes, dispersés aux quatre coins de l'Europe, fondent l'une des plus belles constructions intellectuelles de tous les temps. Mais pour devenir opératoire, l'édifice théorique qui fut ainsi mis sur pied exigeait aussi un travail d'interprétation, qu'ils eurent les pires difficultés à mener à bien. Il faut dire que cette « poésie sophistiquée[1] » qu'est la physique quantique posait des questions à la fois inédites et vertigineuses : comment comprendre son formalisme ? Comment celui-ci se relie-t-il aux expériences ? Selon quelles règles l'utiliser ? Quel statut conférer au hasard qui intervient dans la détermination des résultats de mesure ? Quels types de discours sur la réalité cette nouvelle physique autorise-t-elle ?

Si la physique quantique semait tant de trouble dans les cerveaux humains, c'est parce qu'elle semblait échapper au cadre d'interprétation de la physique classique : à tout système, cette dernière attache des propriétés qui appartiennent en propre au système, et elle n'attribue pas de rôle fondamental à l'opération de mesure, qui est considérée comme l'enregistrement neutre et passif de grandeurs existant objectivement (si ma voiture est flashée à 93 km/h,

1. Pour reprendre une belle expression de Montaigne (*Essais*, II, 12, édition Villey-Saulnier, Paris, PUF, p. 537).

je ne doute pas qu'elle aurait eu la même vitesse à ce moment-là en l'absence de radar). La physique quantique, elle, ne semblait pas pouvoir être associée à un « engagement ontologique » aussi fort : d'abord, elle n'accorde pas aux atomes (ni aux particules qui les constituent) une position, ni une trajectoire, ni une forme qui soient bien déterminées, ce qui rompt déjà avec le mécanicisme un peu simplet des origines de la physique moderne ; ensuite et surtout, elle renonce à faire usage de l'idée, pourtant élémentaire, consistant à attribuer aux particules une réalité qui serait pleinement indépendante de nos moyens de l'observer. Était-ce le signe que le cadre d'interprétation classique devait être définitivement abandonné ? Ou bien au contraire qu'il manquait à cette nouvelle physique des ingrédients dont la prise en compte la ferait rentrer dans le rang ?

C'est autour de ces questions qu'Albert Einstein et Niels Bohr se sont amicalement, mais fermement, opposés l'un à l'autre. Les deux hommes se rencontrèrent pour la première fois en mai 1920, en Hollande, chez Paul Ehrenfest, un ami très proche d'Einstein. Einstein fut immédiatement séduit par son confrère danois : « C'est vraiment un homme de génie, avouera-t-il à son ami. J'ai entièrement confiance en sa façon de penser. [...] Je suis amoureux de lui autant que toi[1]. » Mais au cours des années suivantes, qui constituent une période charnière dans l'histoire de la physique, des désaccords apparurent entre les deux hommes : Einstein n'aurait plus tout à fait confiance en la façon de penser de Bohr, et réciproquement.

1. Lettre d'Albert Einstein à Paul Ehrenfest du 4 mai 1920.

Il faut dire que Niels Bohr ne se contentait pas de jeter sur la physique quantique un regard de physicien : il l'interrogeait également en philosophe, l'envisageant comme « une conception du monde et aussi comme une instanciation d'une nouvelle théorie de la connaissance[1] ». Il considérait en effet que, prise au sérieux, elle obligerait à bouleverser les théories rendant compte du rapport que nous avons avec ce qu'on appelle par commodité (sans en dire davantage) « la réalité ».

Sur quoi leur dispute porta-t-elle ? Einstein, qui n'a jamais prétendu que la physique quantique fût une théorie fausse, louait sans la moindre réserve son efficacité opératoire et sa portée pratique, mais, selon lui, une théorie physique ne doit pas être jugée à cette seule aune : elle doit également dépeindre les structures intimes du réel tel qu'il existe indépendamment de nous, c'est-à-dire la réalité objective. Or, à ses yeux, la physique quantique, malgré ses spectaculaires et incontestables succès expérimentaux, ne faisait pas bien cela.

Tout d'abord, cette théorie stipule que, connaissant l'état d'un système physique, on ne peut généralement pas prédire le résultat d'une mesure effectuée sur lui, mais seulement calculer les probabilités d'obtenir tel ou tel résultat : parmi tous les résultats possibles *a priori*, un seul est sélectionné, au hasard, par l'opération de mesure. Pour le dire autrement, un système quantique dispose de davantage d'options, pour ce qui est des valeurs de ses propriétés physiques, que celles qui se manifestent à l'issue d'une mesure, et cette « réduction des possibles » se produit d'un coup, de façon aléatoire.

1. Daniel Parrochia, *Les Grandes Révolutions scientifiques du* XXe *siècle*, Paris, PUF, coll. « L'interrogation philosophique », 1997, p. 171.

Or, selon Einstein, une bonne théorie physique se doit d'éliminer le hasard, sinon de ses constructions, du moins de ses principes. Il écrivit en 1940 :

> *Quelques physiciens, au rang desquels je me situe, ne peuvent croire que nous devons abandonner, maintenant et à jamais, l'idée d'une représentation directe de la réalité dans l'espace et le temps ; ou que nous devons accepter cette vue selon laquelle les événements de la nature sont analogues à un jeu de hasard.*[1]

Ensuite, comme déjà suggéré, en filigrane, dans cette citation, Einstein tenait au réalisme « ordinaire » des physiciens : la physique se doit de défendre l'idée d'un monde réel dont les plus minuscules parcelles existent objectivement, au sens où existent les cailloux et les chaises, que nous les observions ou non. Dans une lettre adressée au physicien hongrois Cornelius Lanczos et datée du 12 mars 1942, il précisa sa conception du réalisme : « Vous êtes la seule personne de ma connaissance qui ait la même attitude à l'égard de la physique que moi : foi dans la compréhension de la réalité grâce à quelque chose de fondamentalement simple et unifié »[2]...

Pour Einstein, il y a des faits, des événements qui sont réels, au sens où ils ne sont pas seulement des « réalités pour nous », mais bien d'authentiques « réalités tout court », indépendantes de nous, qui doivent

1. Albert Einstein, *Comment je vois le monde*, Paris, Flammarion, 1979, p. 127.
2. Albert Einstein ; Banesh Hoffman, Helen Dukas (éd.), *Albert Einstein, the Human Side : New Glimpses from his Archives* (1979) ; trad. fr. par Caroline André : Einstein, *Correspondance*, présentée par H. Dukas et B. Hoffman, Paris, Interéditions, 1980, p. 88.

avoir à ce titre une contrepartie dans toute théorie physique se prétendant complète.

Or, Einstein constatait que ce réalisme-là est laissé de côté par la physique quantique. Il voulut donc pouvoir démontrer qu'il existait des éléments de réalité que cette théorie n'appréhende pas, ce qui constituerait la preuve qu'elle ne nous dit pas tout ce que nous devrions pouvoir savoir de la réalité physique.

Ce second point peut être illustré grâce à une analogie : imaginez que vous voyiez un livre intéressant dans les rayonnages d'une bibliothèque publique et que, au moment où vous voulez l'emprunter, vous vous entendiez dire par le bibliothécaire que le catalogue n'a aucune trace de cet ouvrage. Comme le livre portait toutes les références semblant indiquer qu'il faisait bien partie du fond de la bibliothèque, la conclusion à laquelle vous arriveriez, si vous suiviez le raisonnement d'Einstein, est que le catalogue est incomplet : il existe au moins un élément de réalité – cet ouvrage précisément – qu'il ne mentionne pas alors qu'il le devrait.

Bohr, lui, répugnait à considérer qu'il existât une réalité objective, indépendante de l'appareil de mesure. Selon lui, ce qu'une théorie physique peut prétendre décrire, ce sont seulement des phénomènes incluant dans leur définition le contexte expérimental capable de les rendre manifestes. Dans l'exemple du livre dans la bibliothèque, sa position aurait été de considérer que le catalogue était bel et bien complet, qu'il constituait la seule vraie référence du fond de la bibliothèque, et que le livre que vous aviez cru voir sur l'une des étagères n'était donc qu'un produit de votre imagination ou une pure hallucination…

Ce débat entre Einstein et Bohr démarra en 1927. À Bruxelles, lors du congrès Solvay, Einstein tenta de trouver une contradiction dans les relations dites « d'incertitude de Heisenberg », qui concernent le comportement de particules quantiques individuelles, mais chaque fois, Niels Bohr parvint à contrer ses arguments.

Quelques années plus tard, la discussion reprit autour d'un article génial de seulement quatre pages signé par le père de la relativité et deux jeunes collaborateurs, Boris Podolsky et Nathan Rosen. Ce papier, publié le 15 mai 1935[1] dans la *Physical Review*, comportait une objection concernant non plus le comportement d'une seule particule, mais celui d'une paire de particules. Il est sans doute l'article le plus philosophique jamais paru dans une revue de physique. Il s'intitule : « La description quantique de la réalité physique peut-elle être considérée comme complète ? » Question à laquelle les trois auteurs répondirent par la négative.

Leurs hypothèses de départ sont les suivantes :

(a) *Les prédictions de la physique quantique sont justes.*

(b) *Aucune influence ne peut se propager plus vite que la lumière.*

(c) *Si, en ne perturbant aucunement un système, on peut prédire avec certitude (c'est-à-dire avec une probabilité égale à l'unité) la valeur d'une quantité physique, alors il existe un élément de réalité physique correspondant à cette quantité physique.*

1. Dès le 4 mai, le *New York Times* publie un article sous la manchette accrocheuse suivante : « Einstein attaque la théorie des quanta ! », provoquant la fureur d'Einstein qui exige du journal qu'il publie cette déclaration cinglante : « J'ai pour principe invariable de ne débattre de questions scientifiques que dans le forum approprié, et je désapprouve la publication prématurée de toute annonce en la matière dans la presse séculière. » (*New York Times*, 7 mai 1935, p. 21.)

Mises ensemble, elles n'énoncent rien d'autre qu'un critère de réalité très général. Elles précisent en effet ce qu'il faut entendre par le concept d'*objet réel* en restant proches d'un certain bon sens.

Prenons le critère (b), qui explicite le concept de *localité*. Il implique tout simplement qu'il y a des cas où l'on peut être certain que, de deux événements, aucun n'influence l'autre : lorsque ces deux événements sont si lointains dans l'espace et si rapprochés dans le temps que la lumière n'a pas le temps de les relier ; ils se passent alors « chacun dans son coin », exactement comme si l'autre n'avait pas eu lieu (un orage sur Jupiter ne saurait avoir d'effets immédiats sur notre météo terrestre, et réciproquement, ce qui est certainement fort heureux). Si l'on applique ce critère de localité aux particules, il implique que chacune transporte avec elle, localement, les propriétés qui vont déterminer les résultats des mesures effectuées sur elle.

Quant au critère (c), il exprime que si je peux prédire le résultat de la mesure que je ferai d'une certaine propriété physique, et si ma prédiction est juste à tous les coups, alors j'ai tout lieu de penser que la valeur trouvée pour cette propriété n'est ni une hallucination ni un fantôme : un élément de réalité lui correspond nécessairement, que le formalisme se doit d'intégrer sous peine de ne pouvoir être considéré comme complet.

Forts de ces arguments, les trois physiciens inventent une expérience de pensée très astucieuse, grâce à laquelle ils montrent que si l'on prend la physique quantique au sérieux, alors certaines de ces implications ne peuvent pas être prises... au sérieux !

Du moins, selon eux.

Leur argument, légèrement simplifié, est le suivant : en guise d'expérience de pensée, considérons un système de deux particules identiques, par exemple deux électrons, créées par un processus tel qu'elles partent dans des directions opposées avec des vitesses égales en intensité ; elles sont donc corrélées, au sens où la position et la vitesse de l'une sont liées aux grandeurs correspondantes de l'autre dans des rapports préétablis ; dès lors, en mesurant la vitesse de la première particule, on peut connaître au même instant la vitesse de la seconde (qui vaut l'opposée de celle de la première) *sans altérer son état* ; en vertu du critère de réalité (c), la vitesse de la seconde particule est donc un élément de réalité. Si l'on procède de même avec la position, on arrive à la conclusion que la position de la seconde particule est également un élément de réalité. Or, mises ensemble, ces deux assertions contredisent le principe d'indétermination de Heisenberg, selon lequel la position et la vitesse d'une particule ne peuvent pas être déterminées simultanément[1].

La conclusion des auteurs est simple et directe : la mécanique quantique n'étant pas en mesure de rendre compte de ces éléments de réalité, nous devons

1. En général, on résume le principe de Heisenberg en disant qu'*on ne peut connaître simultanément, avec une précision arbitrairement grande, la position et la vitesse d'une particule.* Cette formulation est contestable, car elle laisse entendre que ladite particule aurait une position et une vitesse bien définies, mais que nous serions empêchés de les connaître simultanément, ce qui est inexact. La bonne façon d'interpréter le principe de Heisenberg consiste à dire, non pas qu'il est impossible de déterminer simultanément la position et l'impulsion des particules, mais bien plutôt que ces dernières ne *possèdent* jamais ces deux attributs simultanément, avec une précision infinie. En d'autres termes, une particule quantique n'est pas un corpuscule.

considérer qu'elle est incomplète. Ou alors, il faudrait imaginer que la mesure opérée sur la première particule détermine à distance et instantanément, comme par miracle (par « télépathie », dira plus tard Einstein), les grandeurs relatives à la seconde particule, ce qui leur paraît impossible (« on ne peut attendre ceci d'aucune définition acceptable de la réalité », écrivent-ils), car cela violerait l'hypothèse de localité (b).

Pour mieux comprendre le problème, choisissons une illustration plus incarnée et plus proche de l'expérience commune. Supposons que nous disposions de deux cartes, l'une bleue, l'autre rouge, et que nous les placions chacune dans une enveloppe scellée. Mélangeons les deux enveloppes à l'abri de tout regard, puis donnons-en une à Erwin et l'autre à Wolfgang. Lorsque Erwin ouvre son enveloppe, il découvre la couleur de sa carte. Le résultat qu'il obtient est évidemment corrélé avec celui qu'obtiendra Wolfgang : si la carte d'Erwin est bleue, celle de Wolfgang sera rouge, et inversement. Comment interpréter cela ? Tout simplement en imaginant que les couleurs respectives des cartes d'Erwin et Wolfgang étaient déjà fixées avant l'ouverture de l'enveloppe : elles ont été « tirées au sort » au moment du mélange des enveloppes, de sorte que l'ouverture de son enveloppe par Erwin n'a fait que révéler une situation qui n'était pas encore connue de lui, mais se trouvait déjà parfaitement déterminée. Par exemple, s'il découvre que sa carte est bleue, il sera en droit de dire qu'elle était déjà bleue avant l'ouverture de l'enveloppe. En d'autres termes, ce n'est pas le fait qu'Erwin prenne connaissance de la couleur de sa carte qui a fixé cette couleur, ni qui aurait ensuite déterminé la couleur de la carte de Wolfgang par l'envoi de quelque information transmise de la première enveloppe vers la seconde :

les deux cartes se trouvent avoir la couleur qu'elles ont en conséquence de la « cause commune » qui les a fixées lorsqu'elles ont chacune été glissées dans une enveloppe.

C'est bien ce type d'arguments que l'hypothèse (c) d'Einstein condense : il y a un « élément de réalité physique » associé à la couleur de la carte de Wolfgang puisque, sans ouvrir l'enveloppe qu'il a entre les mains, il est capable de la connaître : il lui suffit pour cela de demander à Erwin le résultat qu'il a obtenu et d'en tirer la conclusion.

Ce qu'Einstein et ses deux collègues démontrent ensuite, c'est que l'application de ce critère de réalité à la théorie quantique conduit à un paradoxe, qu'on appelle le « paradoxe EPR » (d'après les initiales des trois signataires). Plus précisément, ils établissent que l'ensemble des hypothèses (a), (b) et (c) conduit à attribuer à deux particules ayant interagi dans le passé des propriétés dont le formalisme quantique ne se fait pas l'écho. Ce dernier est ainsi pris en flagrant délit d'incomplétude. Il doit donc exister, selon eux, un niveau de description plus fin de la réalité que celui que propose la physique quantique...

Dès la publication de cet article, Niels Bohr décida de prendre les armes pour défendre la physique quantique telle qu'elle était. Mais il comprit vite que le raisonnement d'Einstein était extrêmement subtil et que sa réfutation serait délicate. Durant six semaines, jours et nuits, il se consacra exclusivement à cette tâche, comme pris dans une sorte de transe. Léon Rosenfeld, qui se trouvait chez son ami Niels Bohr à cette époque, s'en souviendra en ces termes : « L'attaque EPR nous est tombée dessus comme un coup de tonnerre dans un ciel serein. Ses effets sur Bohr furent remarquables[1]. »

Le résultat de ses réflexions tient en un article de six pages, reçu par la *Physical Review* le 13 juillet 1935[2], qui porte exactement le même titre que l'article EPR. Bien sûr, la réponse qu'il apportait à la question posée (la physique quantique est-elle complète ?) était un *oui* sans équivoque, mais son argumentation semblait plutôt confuse. Douze ans plus tard, en 1947, il reconnaîtrait d'ailleurs que ce papier souffrait d'une certaine « inefficacité d'expression ». Incapable d'identifier la moindre erreur dans l'argumentation d'EPR, Bohr en fut réduit à affirmer que les preuves fournies par Einstein n'étaient pas assez solides. Sa critique portait essentiellement sur son critère de réalité, qu'il accusait d'avoir une faiblesse rédhibitoire : dans certaines situations, expliqua-t-il, on doit se retenir d'accorder des attributs physiques aux objets « quand on traite de phénomènes pour lesquels on ne peut faire une distinction tranchée entre le comportement de ces objets eux-mêmes et leur interaction avec les instruments de mesure[3] ». La vitesse d'une particule, par exemple, n'est pas un attribut propre de la particule, mais une propriété qu'elle partage avec l'instrument de mesure…

Dix ans plus tôt, en février 1937, Bohr était venu à Princeton pour un séjour d'une semaine dans le cadre

1. Léon Rosenfeld, « Niels Bohr in the thirties. Consolidation and extension of the conception of complementarity », in Stefan Rozental, *Niels Bohr : His Life and Work as seen by his Friends and Colleagues*, Amsterdam, North-Holland Publishing Company, 1967, p. 128.

2. Niels Bohr, *Physical Review* 48, 696, 1935.

3. Niels Bohr, « Discussion with Einstein on epistemological problems in atomic physics », in Paul Schilpp, *Albert Einstein : Philosopher-Scientist*, New York, MJF Books, p. 234.

d'une tournée mondiale de six mois. C'était pour Einstein et Bohr la première occasion de se rencontrer face à face depuis la publication de l'article EPR. Valentine Bargmann, qui deviendrait plus tard l'un des assistants d'Einstein, fut le témoin d'une partie de leurs échanges. Il rapporta que « leur discussion sur la mécanique quantique n'était pas du tout passionnée, mais un observateur extérieur aurait eu l'impression d'un dialogue de sourds[1]. » La moindre discussion significative, ajouta-t-il, aurait exigé « des jours et des jours », et c'est sans doute pourquoi « il y eut beaucoup de non-dits[2] ».

En fait, leurs positions respectives étaient irrémédiablement figées. Bohr croyait que la physique quantique était une théorie fondamentale et complète, et c'est sur elle qu'il édifia sa conception philosophique du monde : « C'est une erreur de croire que la tâche de la physique est de découvrir comment est la nature. La physique traite de ce que nous pouvons dire de la nature[3]. »

Quant à Einstein, il avait un point de vue rigoureusement opposé. Il fondait sa compréhension de la physique quantique sur la croyance inébranlable en l'existence d'une réalité indépendante de l'observateur. Par conséquent, il ne pouvait pas partager l'avis de Niels Bohr, repris par ce qu'on a appelé « l'école de Copenhague » : « Ce que nous appelons science, écrivit-il, a pour unique but de déterminer ce qui *est*[4]. »

1. Cité par Denis Brian, *Einstein : A Life*, New York, John Wiley & Sons, 1996, p. 304.

2. *Ibid.*

3. Cité par Aage Petersen, « The philosophy of Niels Bohr », in A. P. French, P. J. Kennedy, *Niels Bohr : A Century*, Cambridge, Harvard University Press, 1985, p. 305.

4. Lettre d'Albert Einstein à Maurice Solovine datée du 1er janvier 1951.

À vrai dire, ces débats n'intéressaient guère les physiciens, car ils n'avaient pas d'incidence sur leur façon d'utiliser le formalisme de la physique quantique, c'est-à-dire de faire des calculs et des prédictions qui étaient toujours en accord avec les mesures. La fécondité de la théorie quantique était même si spectaculaire et si vaste qu'il n'apparaissait ni nécessaire ni utile de mieux la comprendre. D'autant qu'il est toujours tentant de céder au confort que procure ce que Bernard d'Espagnat appelait le « mol oreiller de l'incuriosité conceptuelle[1] »...

Mais, en 1964, un physicien théoricien irlandais, John Bell, très soucieux, lui, de clarté conceptuelle, vint modifier radicalement la situation. Au terme d'une recherche toute personnelle, il publia un article extraordinaire, lui aussi de quelques pages seulement[2]. D'un coup, le débat, initialement philosophique, devenait un problème de physique théorique ! John Bell était au départ un physicien « réaliste » comme Einstein, c'est-à-dire qu'il partageait *a priori* son point de vue selon lequel les événements surviennent indépendamment du contexte expérimental de leur manifestation. Mais il avait cependant remarqué quelque chose de curieux : toutes les théories qui avaient été bâties jusqu'alors dans le but de compléter le formalisme de la physique quantique, par exemple par l'introduction de paramètres supplémentaires[3], ne parvenaient à satisfaire aux hypothèses (a) et (c) qu'en violant

1. Bernard d'Espagnat, Étienne Klein, *Regards sur la matière, Des quanta et des choses,* Paris, Fayard, 1993, p. 274.

2. John Bell, « On the Einstein-Podolski Rosen Paradox », *Physics*, 1, p. 195-200, 1964.

3. Ces paramètres sont souvent appelés des « paramètres cachés », afin de traduire l'idée qu'ils ont des valeurs bel et bien fixées dans la réalité mais que celles-ci ne sont pas accessibles, donc inconnues.

l'hypothèse de localité (b) ! Autrement dit, ces théories étaient toutes « non locales ». S'agissait-il d'une imperfection de ces théories particulières ? Ou bien était-ce une propriété générale de toutes les théories à paramètres supplémentaires susceptibles d'être construites ? C'est ce que John Bell voulut savoir. Après une année de labeur intense, à sa propre grande surprise, il parvint à démontrer que n'importe quelle théorie prétendant décrire la réalité et satisfaisant aux hypothèses (a) et (c) bafoue nécessairement l'hypothèse (b) : quelle que soit la manière dont on choisit de s'y prendre, aucune ne pourra respecter le critère de localité.

Grâce à cette démonstration stupéfiante, par la suite généralisée afin de la rendre susceptible de mises à l'épreuve[1], il devint possible d'envisager des situations expérimentales où la physique quantique donnerait des prédictions différentes d'une théorie prétendant la compléter en respectant l'hypothèse (b), par exemple en introduisant ce qu'on appelle des « variables cachées locales ». La controverse entre Bohr et Einstein, au départ purement philosophique puisqu'elle ne portait que sur la question de savoir ce qu'on est en droit d'attendre d'une théorie physique, allait pouvoir être réglée au laboratoire ! Il devenait possible de concevoir une expérience de physique capable de la trancher !

De fait, au début des années 1980, une équipe de chercheurs de l'Institut d'optique d'Orsay, dirigée par Alain Aspect, mena à bien une série d'expériences avec

1. Il faut ici signaler les travaux du physicien-philosophe Abner Shimony et de trois de ses collègues, Clauser, Horne et Holt, qui ont imaginé dès 1969 des expériences permettant de tester empiriquement les conclusions établies par John Bell.

des photons, qui montra que, en l'occurrence, ce sont les prédictions de la physique quantique telle qu'elle est qui sont justes, et non celles des théories alternatives[1]. En définitive, c'est toute la classe des théories réalistes locales qui se trouvait là réfutée. Par la suite, d'autres expériences plus sophistiquées et plus précises, menées avec des photons mais aussi avec des particules de matière, démontreraient, elles aussi, de façon irréfutable, l'absence d'échappatoires, notamment pour les théories à variables cachées locales.

Qu'est-ce à dire ? Que dans certaines situations, deux particules qui ont interagi dans le passé ont des liens que leur distance mutuelle, aussi grande soit-elle, n'affaiblit pas : ce qui arrive à l'une des deux est irrémédiablement « intriqué » à ce qui arrive à l'autre, par l'entremise d'une connexion étrange, sans équivalent dans le monde ordinaire, car elle ne résulte pas de la transmission d'une information à distance. La paire formée par les deux particules a des propriétés globales que n'ont pas les particules individuelles.

En somme, le tout qu'elles forment d'une part n'a pas de localisation précise, d'autre part est *plus* que l'ensemble de ses parties.

Les différentes parties d'un tel système n'ont pas d'existences indépendantes et les mesures faites sur chacune d'elles peuvent influencer instantanément les propriétés des autres, sans que cela viole les principes de la théorie de la relativité (notamment l'impossibilité de dépasser la vitesse de la lumière) puisque aucun signal n'est échangé entre elles...

1. Voir Alain Aspect, « Intrication quantique, le débat Bohr-Einstein tranché par l'expérience », *Pour la science*, n° « spécial » 481, novembre 2017.

Ce phénomène étrange, qu'on appelle la « non-séparabilité » ou la « non-localité », impose de renoncer définitivement à interpréter la physique quantique dans le sens des idées d'Einstein. L'einsteinisme se trouve donc dépassé : les prémisses « localité einsteinienne » et « critère einsteinien de réalité » ne sont pas toutes les deux vraies.

Il est en outre illusoire de vouloir expliquer le comportement global d'une paire non séparable de particules en termes de deux particules indépendantes possédant chacune en propre et à l'avance (c'est-à-dire avant toute mesure) des propriétés physiques bien définies. Les particules d'un tel système ne sont donc pas comme les cartes d'Erwin et de Wolfgang, dont les couleurs étaient déterminées avant d'être mesurées (donc connues) : c'est la mesure faite sur l'une des deux qui actualise telle ou telle de ses propriétés, jusqu'alors indéterminée, et aussitôt, cette mesure actualise à distance, sans qu'il y ait transmission d'un message, la propriété équivalente de l'autre particule... Dès lors, comment se représenter un tel système ? Il semble que seule la description en termes de « vecteurs d'état » (qui sont les entités mathématiques par lesquelles sont représentés les états des systèmes en physique quantique) soit licite. Or, celle-ci ne permet pas de se forger une « image » de ce qu'est un système non séparable, précisément parce qu'elle interdit de penser comme séparées les deux entités formant ce système.

Si le père de la théorie de la relativité, mort en 1955, avait pu prendre connaissance de cette découverte, il serait sans doute tombé de sa chaise (à supposer qu'il fût assis à ce moment-là). À moins que, trop embarrassé, il ait continué de faire confiance à ses convictions philosophiques en remettant en cause le verdict de l'expérience ? Ou qu'il ait tenté de participer aux travaux des physiciens qui, aujourd'hui, essaient de « reconstruire » le formalisme de la physique quantique à partir de principes plus fondamentaux et plus simples que les siens, par exemple d'une théorie élargie des probabilités ou bien du concept d'information[1]. Quoi qu'il en soit, c'est bien le signe qu'il y aurait eu là, pour lui, matière à penser, peut-être même matière à contredire sa pensée !

Reste que si la non-séparabilité quantique est solidement établie sur le plan expérimental, son statut épistémologique et ses liens avec les postulats de la physique quantique (voire avec ceux de la relativité générale[2] !) demeurent relativement obscurs[3]. Elle implique au moins une interdiction portant sur le langage qu'on est tenté de tenir lorsqu'il s'agit de décrire une expérience de type EPR. Elle dénonce en effet comme contradictoires ou incohérentes certaines façons (commodes ou intuitives) de décrire la situation : une explication en termes de processus locaux et déterminés se déployant depuis une cause commune vers les

1. Voir par exemple Philip Ball, « Quantum Theory rebuilt from simple physical principles » in *Quanta Magazine*, 20 août 2017.

2. Des travaux récents suggèrent une connexion possible entre intrication quantique et relativité générale, par l'entremise des « trous de ver ». Les trous de ver sont des structures prédites par la théorie de la relativité générale. Ils correspondent à des ponts spatio-temporels pouvant relier deux régions éloignées, par exemple deux trous noirs. Certains physiciens ont émis l'hypothèse que ces deux phénomènes – intrication quantique et trou de ver –, bien qu'apparemment sans rapport, sont fondamentalement liés (voir Juan Maldacena, « Le rêve ultime des physiciens », *Pour La Science hors-série*, n° 97, novembre-décembre 2017, p. 100-107).

3. Pour disposer d'une analyse critique des différentes interprétations qui ont été proposées, on pourra consulter le livre très complet de Bernard d'Espagnat, *Le Réel voilé*, Paris, Fayard, 1995.

phénomènes observés corrélés est devenue impossible. En conséquence, toute nouvelle théorie qui se voudrait compatible avec la physique quantique devra donner une image du monde comportant certains éléments de « bizarrerie », en conflit radical avec nos intuitions classiques.

Mais comment « dire » la non-séparabilité ? Comment se la représenter ? Différents choix sont possibles, mais je souhaite laisser le mot de la (presque) fin à Bernard d'Espagnat, en guise d'hommage posthume[1]. Cet analyste méticuleux et passionné des implications philosophiques de la physique quantique se référait souvent à la philosophie de Plotin, pour qui toute entité puise sa consistance non dans le fait qu'elle est, qu'elle « possède l'être », mais dans le fait qu'elle est « une et unifiée » : c'est l'unité de la chose qui assemble ses différentes parties et qui lui assure son être, sans quoi elle serait désarticulée.

Plotin considérait en effet que l'Un est à la fois partout et nulle part, pleinement immanent et absolument transcendant, et qu'il est la source de toute réalisation[2]. Sans doute est-ce là une assez bonne métaphore (parce que suffisamment imprécise) du réel non séparable que

1. Bernard d'Espagnat est décédé le 1er août 2015, à l'âge de 93 ans.

2. « Comment, écrit Plotin, le multiple vient-il de l'Un ? C'est que l'Un est partout, car il n'y a pas d'endroit où il n'est pas ; il remplit donc toute chose. Par conséquent, il est multiple, ou plutôt il est déjà toute chose, car s'il n'était que partout, il serait toutes les choses, mais comme il est également nulle part, toutes les choses se produisent par lui, parce que tout en étant partout les choses sont néanmoins différentes de lui. Or, pourquoi dit-on qu'il n'est pas seulement partout, mais ajoute-t-on qu'il est également nulle part ? C'est parce qu'il doit être Un avant toutes choses ; et pour cela il faut qu'il remplisse tout et qu'il produise toute chose, sans être pour autant toutes les choses qu'il produit. » (Plotin, *Ennéades*, III, 9, 4.)

le formalisme de la physique quantique oblige à envisager : l'idée qu'il y a « quelque chose » dont l'existence ne procède pas de l'esprit humain, tout en influençant les observations de celui-ci.

Bernard d'Espagnat exprimait son adhésion à cette idée avec ses propres mots, plus clairs :

> *Choses et événements sont, en dernière analyse, des apparences. Des ombres que l'on discerne sur la paroi de la caverne. Mais, comme toute ombre, ce sont des ombres de.... On voit ainsi que je rejette aussi bien le matérialisme (car ce sont des* ombres*) que l'idéalisme intégral (puisque ce sont des ombres* de...)*. Une de mes divergences d'avec le mythe platonicien consiste en ce que pour moi ces ombres sont toutes ombres d'une réalité unique, indivisible, même par la pensée, en parties. Autrement dit, hors de l'espace et sans doute aussi du temps. Cette « réalité », qui se rapproche, finalement, quelque peu de l'Un de Plotin, est ce que j'appelle « la réalité indépendante » ou « le réel ».*[1]

Une question d'envergure métaphysique demeure toutefois posée, celle dont on ne parvient justement pas à se débarrasser : ce réel, qui se cache derrière les choses et que les physiciens ne font jamais qu'entrevoir, est-il le seul réel qui soit digne de ce nom ?

C'est aux philosophes, sans doute, qu'il appartient de nous le dire, avec les « grammaires » de leur intelligence et les mots de leur langue.

1. Bernard d'Espagnat, « La réalité, pourquoi et comment ? » in *Revue internationale de philosophie*, *La Mécanique quantique*, n° 212, sous la direction d'Étienne Klein, juin 2000, p. 201.